U0889766

CHINA'S FINANCE

金融的十九个棋局

¥€£$ 财富随笔

张国云 著

红旗出版社

序 言

金融的本质是什么

我结识张国云，是在其博士论文答辩会上。记得当时他论文中的一些观点遭到了一位老师的质疑，我则认为其论文选题好、逻辑清、观点新，符合实际。

作为政府公务员的张国云同志很勤奋，很喜欢思考，毕业后在繁忙的工作之余，还针对各种热点问题，不时写作一些文章，发表在各种报刊上，甚至还在国务院发展研究中心主管的《中国发展观察》杂志上开设了专栏。

张国云涉足的研究领域很宽，但近年来他对金融问题高度关注，并深入思考，写了不少相关文章，《金融的十九个棋局》就是其思考的结晶。

金融的本质是什么？作者在书中告诉我们：金融的本质就是信用＋流通。只有流通，没有信用，这种情况难以出现。而只有信用，没有流通，就不叫金融了。信用表示认可，也就是说，只要我们认可了一个事物，那金融就可能发生。而流通的本质是交易，有了信用，就可以交易，金融也就发生了。

在书中作者发问：金融在构建新发展格局中发挥着什么样的重要作用？在社会主义市场经济条件下，资金的流动是资源配置的载体，资金循环带动经济循环。金融作为资源配置的机制和手段，具有优化资源配置、助力创新创业、推进产业升级等多方面的功能，无疑在构建新发展格局中发挥着不可替代的作用。

习近平总书记在中共中央政治局第十三次集体学习时强调，金融是国家重要的核心竞争力，金融安全是国家安全的重要组成部分，金融制度是经济社会发展中重要的基础性制度。“金融活，经济活；金融稳，经济稳。”“经济兴，金融兴；经济强，金融强。”他还以生命体为喻：经济是肌体，金融是血脉，两者共生共荣。同时要求我们要深化对金融本质和规律的认识，立足中国实际，走出中国特色金融发展之路。

改革开放以来，我国金融业发展取得了历史性成就。特别是党的十八大以来，我们有序推进金融改革发展、治理金融风险，金融业保持快速发展，金融改革开放有序推进，金融产品日益丰富，金融服务普惠性增强，金融监管得到加强和改进。同时，我国金融业在经营理念、市场结构、创新能力、服务水平等方面还存在不少问题，尚不能满足经济高质量发展的需要，金融业改革发展仍任重道远。

近年来，很多省、自治区、直辖市为了加强金融工作，配备了金融副省长或副市长，可以看出金融在地方经济社会发展中的重要性。目前，如何服务好实体经济、推进金融数字化、防控金融风险，已成为各地在推进金融高质量发展过程中面临的主要任务。

作者从我国金融业的实际出发，在书中提出金融服务要以服务实体经济、服务人民生活为本，强调要深化金融供给侧结构性改革，要以金融体系结构调整为重点，优化融资结构、金融机构体系和金融产品体系，构建多层次、广覆盖、有差异的银行体系，积极开发个性化、差异化、定制化的金融产品，建设一个规范、透明、开放、有活力、有韧性的资本市场，构建针对银行信贷、债券发行、股票交易、风险投资等领域的金融支持服务体系。

这本金融随笔，没有抽象的说教，而是用比较活泼的语言娓娓道来，可读性强，相信读者会从中获得不少启发。

是为序！

李佐军（国务院发展研究中心研究员）

2021年5月于北京

探析后疫情时代的金融迷局

金融学是研究价值判断和价值规律的学科，它不仅限于金融史和金融理论方面的研究，还要研究当下的金融问题和金融现象，预测金融发展的方向，同时还要观察微观金融，研究不确定环境下各金融要素的运行规律。从这个意义上说，《金融的十九个棋局》具有鲜明的金融现实主义特色，是一本聚焦当下发生的金融事件、剖析金融各领域的运行规律、解答金融难题并探究金融未来的好书。

人类社会是在与自然界各种挑战和灾害的斗争中发展起来的，尽管如此，2020年初开始的全球性新冠肺炎疫情仍让人猝不及防，其影响范围之大、程度之深和持续时间之久均出乎意料，更严重的是，人们对这种肆虐全球的病毒至今仍所知有限。疫情急剧扩散对世界经济产生了严重冲击，以资本市场为代表的全球金融市场大幅度下跌，2020年3月中旬美国道琼斯工业指数、纳斯达克指数、标普500指数单日最高涨跌幅绝对值均超过9%，美国股市在8个交易日内发生4次一级熔断，一度出现风险资产和避险资产双下跌的异常情况，连一些见识过大风大浪的世界级著名投资人也惊呼“活久见”。

此次疫情暴发前，世界经济已经面临了许多严重问题，在贸易保护主义日益盛行的情况下，世界经济供应链遭受人为阻断。疫情的发生导致世界经济链条进一步断裂并不断向上下游各个节点传导，引爆了诸多潜在风险点，可谓“灰犀牛遇见黑天鹅”。在传统金融理论看来，地震等自然灾害虽然短时期冲击经济，但灾后重建又会爆发出巨大的刚性需求，而战争则会刺激当期需求。此次疫情则不同，不仅当下的总需求和总供给呈断崖式下降，而且还不会带来“灾后重建”，它是对供给与需求的双向抑制。

“横看成岭侧成峰，远近高低各不同。”疫情带来的问题极为复杂，提出的挑战也是巨大的，如何应对考验着人们的智慧。为应对疫情带来的不利影响，美国出台了大规模经济刺激计划，美联储实施了非常规降息等政策工具，其他发达国家也纷纷跟进，试图将风险降到最低，达到损失最小化，但也留下转嫁风险的嫌疑。对于广大发展中国家和新兴市场而言，如不采取正确的紧急应对措施，就有可能真的“被转移”，2008 年国际金融危机时发生过的一些事情无不历历在目。

历史是深厚的掩埋，唯有时间能淘汰掉多余的泥沙，露出事物的真面目，可有些事情不能等，必须分开泥沙、拨开迷雾去找寻真相。本书的重点，就在于探讨金融真相，找寻金融对策，对于金融这个国家的“高边疆”和“第二国防”，提出保居民就业、保基本民生、保市场主体、保粮食能源安全、保产业链供应链稳定、保基层运转都离不开金融，应把“稳金融”放在第一位。如何“稳金融”？书中也提出了许多真知灼见，比如，改“供氧输血”为“供氧造血”，改“大水漫灌”为“精准滴灌”，扩大有效投资，加快经济“体能恢复”；用改革创新的方式推动新一轮基础设施建设，不简单重走老路，而要“穿新鞋走远方”；引领平台经济和资本向善，使科技创新反哺实体经济，实现更高的效率、更低的成本、更快的响应；在疫情深度影响的至暗时刻，救企业就是稳就业、稳预期，也是救金融自己，金融机构唯有与企业同舟共济才能走过寒冬。

新冠肺炎疫情不是亚马孙河一只扇动翅膀的蝴蝶，而是微生物界向人类发起的一场重大挑战，对全球化的冲击远远超过“蝴蝶效应”引发的局部“龙卷风”。此次疫情又恰好发生在百年未有之大变局之下，因而被赋予了更多复杂属性。美国外交家亨利·基辛格断言“新冠肺炎大流行将永远改变世界秩序”。疫情期间一些国家的政府纷纷强化国家权力、加强民族主义，得到了本国民众的认可和支持，疫情过后一些政府可能会不愿意放弃这些新获得的权力，所以不少经济学家认为，疫情之后可能将留下一个开放、繁荣与自由都倒退的世界，悲观者甚至认为“全球化已经终结”。

在这种情况下，我们该持开放还是封闭的态度？本书作者认为应当继续坚持开放的方针，别让“不差钱”贻误“稳外资”大计。不过，作者更强调从“引资”到“引资＋引技＋引智”的有机结合，通过引进先进技术设备、先进管理经验、知名品牌、国际供应链和销售渠道，形成开放的社会风气和公平的市场竞争意识，这样的看法无疑更加理性和务实。作者还预见，全球超级宽松的货币环境＋中国超大的金融市场＋中国自身产业转型的需要是一个十分漂亮的“三合一”，这将是挑战之下的难得机遇，是应对挑战必须抓住的机遇。

这场新冠肺炎疫情最终也会像人类历史上曾经发生过的那些大疫情一样成为历史。在后疫情时代，人们除了会对经济全球化、贸易便利化、投资自由化等进行思考与重新抉择外，还将会对数字金融等有更多的思考与认识，这是本书探究的另一个重点。互联网诞生至今虽然只有短短50年，但它对社会生活、经济发展产生的影响却是革命性的，以互联网为平台，数字货币、区块链等触角已伸向经济和社会生活的方方面面。本书在这些方面也进行了探讨，提出了一些有见地的观点，同时也提醒大家，无论是互联网金融还是金融科技，人们都必须警惕“赢者通吃”的问题。

“良剑期乎断，不期乎镆铘；良马期乎千里，不期乎骥骜。”一句话，金融“招数”不在于多么高深复杂，是否有针对性和实效性才是试金石。一段时间以来，从金融理论到金融实践都有背离金融本性的趋势，出现向技术化、复杂化无限蔓延的极端。作为一名有着丰富经济管理和金融实践经验的领导和学者，本书作者力避烦琐与深奥，析事入理，举重若轻，文风清新简明，又结合中外实例，使文字具有很强的可读性。作者曾获冰心散文奖等重要文学奖项，深具文学修养，古今中外诗文信手拈来，于画龙点睛处无不恰到精妙，成为本书另一大特色。

在出版这本书前，作者还出版过《金融战国时代》《财富问号》《金融的十九张面孔》等金融方面的佳作，深受读者欢迎。作者将本书所汇集的19篇文章称为“金融软文”和“金融随笔”，我觉得后者更加准确。“随笔”不是随便之笔，而是灵活多样、不拘一格之笔，看似云淡风轻，实则指挥若定，是建立在扎实的知识积累和实践积累基础之上的，微言大义、要言不烦，故而能启人心智、发人深思。

关注重大发展问题，紧密联系实践，有思想、有预见、有依据，读起来生动活泼，相信这样的好书正是读者所期待的！

陈忠海（中国金融文史学家、作家）

2021年5月于北京

CONTENTS 目录

“六稳”坚持结果导向，虽然稳金融仅排在第二位，但稳就业是基础，稳金融、稳外贸、稳外资、稳投资是手段，稳预期是目的。稳金融显然被列为手段中的第一位。“六保”则坚持问题导向，虽然没有提及金融，但保居民就业、保基本民生、保市场主体、保粮食能源安全、保产业链供应链稳定、保基层运转，你说谁能离开金融？

当下，全球疫情持续蔓延，世界经济面临新一轮危机，这对每一个人甚至每一个国家、每一个民族都是一次大考。考什么？就是考良心。在经济的生死攸关面前，金融的作用得从“供氧输血”向“供氧造血”转变，尽可能减少伤害，加快经济“体能恢复”，加码促进经济动能的复苏和经济活力的提升。

“新基建”是为疫情后中国经济恢复打下的一针强心剂，更是未雨绸缪为未来中国发展铺下的一条路。是以新发展理念为引领，以技术创新为驱动，以信息网络为基础，面向高质量发展需要，提供数字转型、智能升级、融合创新等服务的基础设施体系。要用改革创新的方式推动新一轮基础设施建设，而不是简单重走老路，是要穿新鞋走远方。

全球正处在疫情的至暗时刻，救企业就是稳就业、稳预期，也是救金融自己。因为目前不少中小企业资金链承压，处于这一非常时期，金融不可能独善其身，一定要与企业同舟共济，尤其是依赖地方经济和中小企业发展的地方金融，如果此时再不支持中小企业，就会成为压垮他们的最后一根稻草。所以，战“疫”时期，我们不妨让金融这颗子弹多飞一会儿。

001　市场经济与人民币汇率如何同频共振

一国货币对其他国家的货币要规定一个兑换率。随着2021新年钟声的敲响，1月4日作为新年首个开盘日，在岸人民币对美元汇率一下跳空高开200点。一年之中人民币对美元汇率波动的绝对值超过11%，如此这般的升值幅度实为罕见，可谓惊心动魄！渣打银行在最新报告中列出了2021年全球的八大市场风险。其中，人民币对美元汇率升至6元，列八大市场风险第二位。

全球在2020年遭遇新冠肺炎疫情这只超级“黑天鹅”之后，2021年的金融市场恐怕仍不平静。不久前，渣打银行（Standard Chartered Plc）在最新报告中列出了2021年全球的八大市场风险。其中，人民币对美元汇率升至6元，列八大市场风险第二位。

汇率，就是一国货币对其他国家货币规定的一个兑换率，或许许多人并不在意，因为他们很少需要这些，人们典型的日常生活是以本国货币进行的。汇率只在偶尔的交易，如国外旅行、进口付款或海外汇款时才成为关注点。

遭遇疫情影响，作为全球唯一实现经济正增长的主要经济体，中国金融政策的一举一动，格外引人注目。坦率地说，在汇率问题上，不管别人热情似火，还是冷酷似冰，我们都不该乱了自己内心的那份宁静。

随着2021新年钟声的敲响，1月4日作为新年首个开盘日，在岸人民币对美元汇率一下跳空高开200点，盘中接连收复6.50，6.49，6.48，6.47，6.46关口，最高涨至6.4579元。

如此惊心动魄！当日收市时，人民币对美元大涨超500点，美元/人民币报6.4661，美元/离岸人民币报6.4487，使得美元指数持续下挫，报在89.75附近。

或许，这是新年开门红，小试牛刀吧！这天人民币对美元汇率竟创下自2018年6月20日以来新高，重返6.4时代。

回顾整个2020年的人民币汇率走势，基本可以概括为先贬值后升值的震荡走势：

2020年初，新冠肺炎疫情暴发，市场担忧疫情对中国经济的影响，人民币汇率一度下挫。

5月29日，美元对人民币汇率中间价报7.1316，跌破2008年3月以来的低点。

接踵而至的是，人民币触底反弹，从6月起，开启了一路“涨涨涨”的行情。

时下的人民币汇率，与2020年1月3日的6.9681相比，人民币对美元汇率升值7%；与2020年5月29日汇率年度最高值7.1316相比，人民币对美元汇率升值9.1%。

一年之中人民币对美元汇率波动的绝对值超过11%，如此这般的升值幅度实为罕见。这是什么原因引发的？

笔者觉得，这可能涉及多方面因素，才迸发出如今向上突破的力量。

*一边是率先防疫与复工复产恢复正常的作用。*国内疫情得到有效防控，疫苗研发与接种稳步开展，同时，央行通过阶段性的宽松货币政策等灵活调控手段，逐渐引导国内经济常态化。

*一边是美联储宽松货币政策的影响。*海外疫情扩散且防控滞后，对欧美经济形成重大冲击。而美国长期的货币宽松取向，以及巨额财政刺激政策，导致美元持续走弱，在2020年末，美元指数跌破90关口，中美利差逐步加大。

*一边是CFETS人民币汇率指数篮子货币权重的调整影响。*2020年12月31日，外汇交易中心发布公告称，自2021年1月1日起，调整CFETS人民币汇率指数篮子货币权重。下调美元权重，上调欧元、英镑、澳元等权重。

权重下调幅度较大的币种包括美元（－2.8%）、韩元（－0.8%）、瑞士法郎（－0.34%），而权重上调幅度较大的币种包括欧元（＋0.75%）、澳元（＋0.69%）、马来西亚林吉特（＋0.61%）、沙特里亚尔（＋0.55%）。

从影响来看，根据贸易情况适当降低美元权重占比可以增强人民币汇率弹性，进一步推进人民币汇率的市场化改革，避免了由于单一币种走势带来的人民币汇率大幅波动。

值得注意的是，在人民币持续升值的背景下，调低CFETS篮子中的美元权重是为了抑制人民币的走势。测算结果证明，调低CFETS篮子中的美元权重，并不代表美元指数的影响力减弱。

没错，近两年，随着美国占我国贸易权重下降而欧元区权重提升，CFETS篮子中的美元比重连续两年下调，欧元比重则连续两年上调。

2021年1月4日，也是新的CFETS人民币汇率指数篮子生效后的第一个交易日。也就是说，自2015年12月CFETS指数推出以来，共进行了三次调整，分别是2017年增加货币数量和调整权重，2019年末和2020年末调整篮子货币权重。

后两次调整，均根据双边贸易比重变化来调节相应货币在CFETS指数中的权重，属常态化调整。此次CFETS币种权重的调整与贸易额权重的调整方向基本一致，主要目的还在于增强货币篮子与贸易结构匹配度，更好地体现人民币货币篮子对贸易竞争力的影响。

在这里，我们得清醒地认识到，近期的人民币升值，并非都是实体经济外汇供求的反映，其中，有相当一部分可能是短期避险情绪作用的结果。由于避险资金来去匆匆，而且规模较大，羊群效应明显，容易引发人民币汇率的大幅波动。

所以，需高度重视其对货币、债券、股市等金融市场的价格传导和连锁反应，提前做好金融风险管理对策，避免因误判、操作不当而蒙受较大的资产损失。

可见，对人民币升值所带来的影响，我们应沉着应对，不可轻视。毕竟，货币汇率的问题一直是世界各国关注的热点，汇率的变化会直接影响国际进出口，甚至是国际收支的平衡。那么作为我国的官方通用货币，人民币升值对我们的经济和社会将带来什么样的影响呢?

从短期效应看，人民币升值是有利的。最明显的是，老百姓口袋里的钱将更值钱。比如，如果人民币升值10%，1000元人民币就相当于132.90673美元。毕竟在相同的货币价值下，老百姓能买的东西多了。

*能增强我国的购买力。*同样的人民币可以购买到更多的外国商品。同样道理，我国对外国进行投资或购买外国资产都会比以前便宜、便利。

*能刺激外资进场。*人民币升值的“热岛效应”，就是我们常见的买涨不买跌，这样就会诱导大量的资金看好未来，以此，足以抵消因投资成本加大而造成投资额减少的问题。

*能促进产业向高附加值转化。*由于劳动力成本低的优势被人民币升值抵消，人民币升值还可以促使中国的产业结构从劳动密集型向高附加值为主的方向转化。

*能为人民币国际化打下基础。*升值后的人民币会给世界人民带来信心，加快人民币走向世界，尽快成为国际流通货币，无疑是水到渠成的事。

*还能加快社会福利的直接提高。*随着人民币购买力的提高，各方面的物价都会随之而降低。

从长远效应看，人民币升值过快会影响经济发展。前面已肯定升值对老百姓有好处，但如果从国家或者经济层面考虑的话，人民币升值以后，会给国家宏观调控带来不确定性，甚至给就业带来困难，个人收入很有可能会随之减少。

最明显的体现在进出口贸易方面。如，2020年5月末，换10万美元需要约71.8万元人民币；如今换10万美元只需64.6万元人民币。晚7个月兑换，可以省下7万多元。

不同的企业，受人民币升值的影响不尽相同。原材料主要靠进口的企业，人民币升值将导致生产成本降低、利润增厚；做进口贸易的企业，也会受益于人民币购买力增强，进口额增加。对于出口企业，会因美元相对贬值导致结汇时以人民币计价的销售收入减少，造成汇兑损失。

从理论上说，人民币升值后会导致进口原材料的价格降低，出口产品价格竞争力下降，进一步导致订单减少。但由于当前海外疫情较为严峻，不少国外订单转移至国内，本轮人民币升值对订单带来的负面影响较小。

事实上，在刚刚过去的2020年，多数货币都对美元有所上涨，例如欧元、澳元对美元的涨幅接近10%。这么看来，对我国人民币目前的升值幅度，似乎不必大惊小怪。

但是，从历史经验和他国教训看，货币升值是对一个国家竞争力的一种压制，货币贬值则反而是一种机会；这波人民币的升值，跟美元贬值有直接关系，美元走弱，人民币就走强；这一轮人民币的升值已超出中国经济的现实，尤其在出口方面，民营企业占了半壁江山。

如果时下人民币老是向上“噌噌噌”地涨，多少还是令人不安的，这也是监管层最不想看到的。为此，他们采取了一系列措施：

第一个举措是，2020年10月10日，央行宣布将远期售汇业务的外汇风险准备金率从20%下调为0。这有助于人民币对美元汇率继续保持在合理均衡水平，也有助于银行降低远期售汇成本，增加企业的产品需求，更好地利用衍生品管理汇率风险。

这一调整，减少了对远期外汇行为的约束，实则是鼓励市场去持有美元，刺激外汇需求，从而对过快升值的人民币进行降温。

第二个举措是，2020年10月27日晚，中国外汇交易中心发布消息称，近期部分人民币对美元中间价报价是基于自身对经济基本面和市场情况的判断，陆续主动将人民币对美元中间价报价模型中的“逆周期因子”淡出使用。

“逆周期因子”是央行在2017年5月正式宣布引入的，当时推出这个政策有稳定人民币汇率的考量。如今的淡出，则被业界解读为监管层欲打消市场对人民币过快升值的预期。

第三个举措是，2021年1月4日，央行等六部门联合发布了《关于进一步优化跨境人民币政策支持稳外贸稳外资的通知》，包括围绕实体经济需求推动更高水平贸易投资人民币结算便利化，进一步简化跨境人民币结算流程，优化跨境人民币投融资管理，便利个人经常项下人民币跨境收付，便利境外机构人民币银行结算账户使用。

其核心就是激活跨境人民币的使用，放宽对部分资本项目人民币收入使用限制，为稳外贸稳外资提供支持。由此不难看出，稳外贸稳外资政策出台的前提首先要满足防风险的需要。适度干预，是让人民币汇率这匹“马儿”你慢些走。

那么，问题来了，下一步我国人民币走势如何？怎样持续激发市场主体活力？如何织密金融安全网？

2021年，支撑人民币走强的几大因素仍将持续：

首先，美元贬值推动人民币升值。主要是美国新一轮9000亿美元的财政刺激，仍有演变为2万亿美元的可能。

其次，不断增长的贸易顺差是人民币强势的内因。尽管国际贸易摩擦不断，但中国产品的国际竞争力越来越强，出口增速始终快于全球贸易增速，贸易顺差呈现扩大趋势，2020年11月贸易顺差创历史新高，达754

亿美元。

2020年12月公布的渣打中国中小企业信心指数（SMEI）的三个分项指数中，中小企业“经营现状”指数由11月的53.1进一步升至53.5，增长动能指数（新订单减去产成品库存）由上月的8.0巩固至9.3，其中出口型中小企业表现领先，经营现状指数升至纪录高位58.1。12月出口新订单和生产现状指数分别上升8.7个和6.4个百分点，反映了全球其他经济体疫情复发导致停工停产的背景下，外部需求强劲和国内产能提升。

*再次，中美利差维持在高位也是人民币升值的重要逻辑。*以十年期国债收益率为参照基准，中美之间的利差过去长期维持在80～150BP的范围，但目前超过200BP。未来一段时间，中美利差仍会维持在历史高位，因而从利率平价角度看，人民币对美元也体现为升值趋势。

说到这里，聪明的市场总是能看到硬币的正反两面，既充分认可国内经济基本面对人民币汇率的支撑，同时也高度关注各种外部不稳定、不确定性因素可能使人民币保持有涨有跌、双向波动。虽然未来人民币走势不好预测，但可以确定的是，没有只跌不涨或只涨不跌的货币，跌多了会涨、涨多了会跌。

借用海明威先生的话来说：“我们必须习惯，站在人生的交叉路口，却没有红绿灯的事实。”如果是这样，下一步人民币汇率市场我们到底如何掌控呢？具体地说：

*要树立人民币汇率双向波动意识。*对于人民币未来的走势，不论发展到哪一阶段，影响人民币升贬值的因素都是同时存在的，二者之间处于此消彼长、相互影响的状态，未来人民币汇率走势必然是有涨有跌。要改变人民币不是升就是贬的单边直线性思维。从中长期看，人民币对美元将继续保持在合理均衡水平上双向波动。

*要发挥有管理的浮动汇率制度的作用。*汇率制度是指各国普遍采用的

确定本国货币与其他货币汇率的体系，随着目前人民币汇率弹性增强，较好地起到了宏观经济和国际收支自动稳定器的作用。要继续坚持市场在人民币汇率形成中发挥决定性作用，优化金融资源配置。进一步健全央行政策利率体系和货币市场基准利率，坚持有管理的浮动汇率制度，注重预期引导，实现人民币汇率在合理均衡水平上的基本稳定。

*要做好汇率套期保值工作。*积极疏通LPR向贷款利率的传导渠道，通过深化LPR改革推动存款利率的逐步市场化。加强对互联网平台存款和异地存款的管理，维护存款市场秩序，稳定银行负债成本。同时，汇率波动是较难预测的，对于外贸企业、普通外汇投资者等，更好的办法是做好汇率套期保值措施，即将外汇敞口进行对冲，或者拉长投资时间，更多地根据两国间经济基本面等长期因素对汇率走势进行研判。

*要提高对汇率风险防范的能力。*在这种双向波动的市场里，进出口企业应该加强风险防范意识，同时，还需要练就一些绝活——汇率风险管理。要树立风险中性的理念，不要对赌人民币走势，不要把汇率避险工具当作投机套利工具，承担不必要风险；要合理审慎交易，做好风险评估；要尽可能控制货币错配，合理安排资产负债币种结构；积极利用好衍生工具做好汇率风险管理，保持平稳经营。

古人诗言：“不作风波于世上，自无冰炭到胸中。”只要汇率不卷入无聊的恶浪，人民币一定既不受冰凌的霜冻，也不受炭火的炙烤。

002 注册制开启中国资本市场新时代

中国资本市场这30多年来之所以走了一些弯路，就是对资本市场没有深刻理解。许多人弄不清楚资本市场是什么，觉得资本市场就是融资的市场，就是为企业提供一个新的融资渠道。事实上，资本市场的本质是财富管理的市场，为社会提供多样化的可以组合的资产。注册制最大的贡献，不只是对30多年来资本市场进行最重大的改革，它还建立了资本市场最基本、最核心的制度，使其得以行稳致远。

经济是肌体，金融是血脉。创业板试点注册制，这是中国资本市场成立30多年以来最重大的改革，具有“牵一发而动全身”的重要作用。

2020年8月4日，1.6亿股民终于见证历史了，创业板注册制新股正式申购。美畅股份、锋尚文化打头阵。中国创业板注册制真的来了，或者说，中国资本市场的一个新时代开始了。

很快，8月下旬就能见到首批创业板注册制企业挂牌上市，届时存量股票涨跌幅限制也将从目前的10%调整为20%。

资本市场正在加速进行大刀阔斧的改革。如果我们想要在市场上长期生存，就必须与时俱进，包括学习新系统和交易规则等。

创业板新的交易规则对操作主要有以下几个变化：上市前5日不设涨跌幅，实行盘中临时停牌机制，分别将30%和60%设置为临停指标，各暂停10分钟。

上市5日之后，涨跌幅限制从目前的10%调整为20%。每个交易日的15：05至15：30，实行盘后定价交易。收盘后，根据时间优先原则，采取以当日收盘价对盘后定价买卖申报逐笔连续撮合的交易方式。

设置单笔最高申报数量上限，大资金控盘出现一字或秒板的情况会减少。设置市价申报单笔数量不超过5万股，限价申报单笔数量不超过10万股。保留现行创业板每笔最低申报数量为100股的制度安排。

这条消息意味着“山重水复疑无路，柳暗花明又一村”，不知人们是否感觉到注册制在中国资本市场的分量?

谁都知道，注册制以信息披露为核心，更加强调市场化和法治化，是成熟市场普遍采用的一种发行制度。

通常由证券监管部门公布股票发行的条件，满足条件要求的企业均可发行股票。申请时，发行人须依法将各种资料完全准确地向证券监管机构申报。证券监管机构的职责是对申报文件的真实性、准确性、完整性和及时性做出形式审查，将发行公司质量留给证券中介机构判断。

受计划经济发展模式影响，我国股票发行最初实行的是审批制。2001年，股票发行核准制正式启动。2004年形成以“保荐制”为核心的新股发审制度，依然在核准制的框架下。股票发行由证监会进行实质审查，证监会决定新股发行申请是否核准。

相对于审批制，注册制强调将企业上市的权力，交给市场决断。创业板成立10余年来，800多家企业在这里上市，已经成为创业创新企业融资的主战场。但客观上，创业板的一些制度安排已经不适应新形势的需要。创新驱动和高质量发展的经济转型，需要一个高质量的创业板与之匹配，创业板的注册制改革正逢其时。

直到2019年，我国正式设立科创板并试点注册制，7月22日科创板开市至今已过去一年多，科创板成为中国资本市场最新鲜、最火热的话题。英文名定为“STAR Market”即预示着中国科技创新的企业正如冉冉升起的新星，高速驶向未来。

科创板上市企业中新兴科技行业占比超六成。根据同花顺iFinD终端数据显示，医药生物与计算机板块所占的公司数量最多。截至2020年7月21日收盘，科创板上市企业按所属行业分类，数量较多的行业依次是：计算机（28家）、医药生物（28家）、机械设备（26家）、电子（20家）、化工（10家），整体看来，以信息技术、医药为主的新兴科技行业占比接近60%。

上市公司股价也出现了明显上升。截至2020年7月21日收盘，科创板已上市交易企业达133家，总市值逾2.79万亿元，总流通股本数为159.99亿股，总发行股本为532.35亿股，总超募资金为536.04亿元，平均超募比例为29.31%，发行前后平均市盈率分别为71.51，74.16，平均发行价为31.82元，平均涨幅为22.45%，上市首日平均涨幅为162.97%。

67%的科创板上市公司股价相对发行价实现翻倍。wind统计显示，中芯国际（688981）以超过2700亿元的市值成为科创板的“第一大块头”，金山办公（688111）、中微公司（688012）、澜起科技（688008）、沪硅产业（688126）、寒武纪（688256）的市值也越过千亿元大关。

“青山不墨千秋画，绿水无弦万古琴。”这一串串看好的数字背后，当然离不开艰辛的付出。

确切地说，自从2019年7月科创板正式开市之后，在创业板推动实施注册制一事就已经被推上日程。这就是说，创业板注册制的落地，堪称是众望所归。

2019年8月18日出炉的《中共中央国务院关于支持深圳建设中国特色社会主义先行示范区的意见》指出，要提高金融服务实体经济能力，研究完善创业板发行上市、再融资和并购重组制度，创造条件推动注册制改革。

同年12月28日，证监会法律部主任程合红表示，注册制的推进是分步到位的，证券市场有不同的板块，有不同的证券品种，推行注册制在客观上也不可能一步到位，一蹴而就。证监会按照中央有关加快推进创业板改革试点注册制的要求正在抓紧研究推进创业板改革。

2020年1月16日召开的中国证监会系统工作会议，进一步强调了以注册制改革为龙头，全力抓好重大改革攻坚；稳步推进以信息披露为核心的注册制改革；努力办好科创板，支持和鼓励更多“硬科技”企业上市；平稳推出创业板改革并试点注册制；推动新三板改革平稳落地。

2月29日，国务院办公厅印发《关于贯彻实施修订后的证券法有关工作的通知》指出，稳步推进证券公开发行注册制，一是实施股票公开发行注册制改革，二是落实好公司债券公开发行注册制要求，三是完善证券公开发行注册程序。

自3月1日起，新《证券法》正式施行，为创业板注册制试水扫清了制度障碍。同日深交所表示，推进创业板改革并试点注册制，充分借鉴科创板成功经验，推动制订创业板试点注册制总体方案，研究完善发行上市、信息披露等制度，扩大板块包容性和覆盖面。

4月27日，习近平总书记主持召开中央全面深化改革委员会第十三次会议，审议通过了《创业板改革并试点注册制总体实施方案》。

5月22日上午，李克强总理在十三届全国人大三次会议上作政府工作报告，在涉及资本市场内容时再次提到“改革创业板并试点注册制”。相比2019年，2020年政府工作报告对资本市场篇幅有所缩减，这就意味着创业板注册制将成为2020年资本市场改革最夺目的“重头戏”。

6月12日，证监会发布了《创业板首次公开发行股票注册管理办法（试行）》《创业板上市公司证券发行注册管理办法（试行）》《创业板上市公司持续监管办法（试行）》和《证券发行上市保荐业务管理办法》等有关创业板改革并试点注册制相关制度规则，并自公布之日起施行。与此同时，证监会、深交所、中国结算、证券业协会等也发布了相关配套规则，创业板注册制真的来了。

根据安排，创业板注册制的正式落地在2020年三季度，但创业板注册制的发审工作先行，从6月15日起就“开门迎客”，开始受理创业板在审企业的首次公开发行股票、再融资、并购重组申请，创业板的“一只脚”已经踏进了注册制时代。

如果说，2019年科创板的开设是我国资本市场发展的一个重要里程碑，也是一项重大的制度创新，那么2020年创业板推出注册制改革，将是中国资本市场的重头戏，这是个牛鼻子工程。

无疑，创业板注册制改革承担的是存量改革和增量改革的重任，为注册制后续在资本市场推进发挥极为重要的作用，我们可以期待，在注册制改革的引领和带动下，中国整个资本市场的生态会有显著的改善。

那么，注册制的作用究竟有哪些呢？

*对中国上亿股民来说，注册制促进了股票活跃度。*A股市场总体来说仍然还只是一个投机炒作的市场，从2019年下半年以来，市场对创业板进行了一波又一波的炒作。所以，对于市场来说，在创业板上实施注册制，有利于促进中小市值股票更加活跃，而券商、创投公司等将明显受益于创业板注册制制度红利。

*对中国资本市场来说，注册制提升了资本市场服务经济的能力。*注册制带来融资功能的加强，可以让更多的企业发股上市。尤其在当前疫情对经济负面影响较大的背景下，推动创业板注册制改革，有利于推动更多优质新兴科技类企业登陆资本市场，进一步提升资本市场服务实体经济的能力。

*对量大面广的科技企业来说，注册制给企业带来发展机遇。*核准制下的上市要求偏财务标准，从而把很多不满足盈利标准但是具有高成长性的科技企业拒之门外，例如目前市值占据互联网行业前列的“BATJ”（百度、阿里、腾讯、京东），以及高速成长的拼多多与哔哩哔哩等企业，无一在A股上市，而注册制将为处于行业“风口”的这类科技企业，打开上市通道。

注册制看似仅是科创板的一项制度设计的调整，但笔者认为它对当前中国资本市场起到了“乘风破浪”的标杆作用。

近年来，我国经济已由高速增长转向高质量发展，正处于转变发展方式、优化经济结构、转换增长动力的关键期。2020年，新冠病毒疫情不期而至，一季度中国GDP同比下降6.8%，疫情影响持续发酵，全球经济危机的深度和持续时间也将超出预期。国内经济下行压力骤增，面临传统动能下降、新动能不足的挑战，除了积极的财政政策和宽松的货币政策之外，还需要通过深化改革尤其是加大国有企业改革力度，提高劳动生产率和释放改革红利来增强动能。

在商品、服务和生产要素三大市场中，我国的商品和服务市场化已经有几十年的历史了，97%以上的商品和服务价格由市场定价。但是，资本等生产要素市场化严重滞后，成为我国经济市场化最后的硬骨头。在改革开放40年后的今天，我国经济已经到了创新驱动发展的关键阶段，而生产要素市场化配置是解决我国经济结构性矛盾、推动高质量发展的根本途径，也是释放要素活力、使经济充满动力的重要保障。

为什么要特别强调资本市场改革的重要性？

*一方面，资本市场是促进我国经济结构转型升级、实现创新驱动和高质量发展的迫切需要。*目前我国“三新”经济占GDP的比重已经达到16%以上。据长城战略咨询2019年7月发布的《2019年中国独角兽企业研究报告》，2019年我国的独角兽企业数量达到218家，居全球前列。

在特定的历史条件下，靠商业银行来配置金融资源具有明显的优势。但随着债务风险持续积累，也导致了产业结构不合理，发展质量不高，资本产出效率下降。所以，在进入工业化的中后期以后，资本市场的优势就凸显出来。

这时靠资本市场来配置金融资源，可以形成风险共担、利益共享的机制。尤其在工业化的中后期，这种依靠资本市场的直接融资体系，更有利于促进资本要素向创新经济集聚，有利于促进我国的经济转型，实现高质量发展。

*另一方面，资本市场是深化金融供给侧结构性改革、推进国家治理体系和治理能力现代化的迫切需要。*眼下我们面临百年未有之大变局，当前各种逆全球化的思潮、民粹主义、单边主义、保护主义进一步兴起，给未来全球的政治、经济发展格局和治理带来巨大的挑战。

同时，中国已经深度地融入全球经济，特别是中美博弈，核心是科技和金融的竞争。金融素有“第二国防”之说，资本市场在金融当中又具有“牵一发而动全身”的作用。所以从一定意义上说，资本市场的发达程度，可以反映一个国家的经济发展水平。

而一个国家资本市场的核心竞争力，分别是制度环境、市场规模、市场功能、市场质量。我国资本市场用30多年的时间，差不多走过了西方国家上百年的发展历程。市场发育先天不足，市场结构不平衡，资源配置效率不高，市场的波动过大。要解决这些问题，唯有改革开放才能打造一个有活力、有韧性的资本市场。

*再一个方面，资本市场是增强国家竞争能力、维护国家经济金融安全的迫切需要。*疫情的全球蔓延，深刻地改变了全球的经济金融体系和运行规则。2020年上半年，疫情蔓延，全球金融市场出现了剧烈震荡。股票、债券、外汇、期货、黄金、原油等多项大类资产的价格大幅波动，给经济金融造成了很大的负面影响。

这一次的全球疫情与以往的全球经济衰退和金融危机相比，有很大的不同，波及的范围更广，持续的时间更长，应对的难度也更大。除了外生因素、基本面、宏观面的影响之外，其实市场本身的结构问题也是非常突出的。所以我们研究疫情对市场的影响，不仅要研究宏观面、基本面，还要深入到市场结构中去，研究它的运行机理。

“问渠哪得清如许？为有源头活水来。”30多年来，伴随着改革开放的进程，我国资本市场从无到有、从小到大，实现了跨越式发展。目前，我国的股票市场、债券市场和商品期货市场规模均居世界前列，但总体上发展还不成熟，一些深层次的结构性体制机制性问题还没有得到有效解决。我们必须坚持问题导向，保持定力、坚定信心，按照市场化、法治化的总要求，充分借鉴国际最佳实践，敬畏市场、敬畏法治、敬畏专业、敬畏风险，注重发挥各方合力，努力探索出一条既遵循成熟市场惯例又符合我国发展阶段特征的资本市场发展之路。

目前，中国资本市场正经历新一轮的改革和开放。未来中国资本市场如何才能更好地赋能实体经济转型升级和创新发展？

*——努力加深对资本市场的认识。*选择什么样的企业上市？发行如何定价？监管重心在哪儿？这些是中国资本市场30多年发展中主要的痛点问题。注册制是深化资本市场改革、完善资本市场基础制度、提升资本市场功能的重要安排。在相当长的时间里，许多人还弄不清楚资本市场是什么，觉得资本市场就是融资的市场，是为企业提供一个新的融资渠道。事实上，资本市场的本质是财富管理的市场，为社会提供多样化的可以组合的资产。

所以，投资者可以自由地组合他想组合的资产，这是衡量现代市场经济的一个重要元素。中国资本市场这30多年来之所以走了一些弯路，就是对资本市场没有深刻理解，这样就无从把握，不知道它的灵魂是什么。只有对资本市场有了深刻的理解，才能在政策、法律、规则上，制定与资本市场本质相匹配的东西。

*——努力打造一个规范、透明、开放、有活力、有韧性的资本市场。*一边继续扎实稳妥地推进科创板注册制，既是畅通科技、资本和实体经济

循环，加速科技成果向现实生产力转化的机制创新，也是资本市场落实金融供给侧结构性改革的重要举措。着力提升科创板上市公司质量，发挥好科创板改革试验田的作用，形成可复制、可推广的经验，以此带动资本市场全面深化改革。

另一边不断加快推进资本市场改革开放，按照市场导向、立足国情、统筹谋划、审慎推进的原则，围绕提高市场有效性和安全性的目标，稳步、分步推进交易制度改革。打通各种基金、保险、企业年金等各类机构投资者入市瓶颈，积极引导中长期资金入市，大力发展权益类基金。强化中介机构的责任和能力，努力建设国际一流的投资银行和财富管理机构。坚持放得开、看得清、管得住，切实增强开放条件下的风险防控和监管能力。

*——努力把握对资本市场的风险管控。*如何从制度和法律上有效遏制上市公司的违规违法行为，不仅是维护证券市场健康成长的基础，更被认为是推广注册制的一个至关重要的先决条件。2020年3月1日实施的新《证券法》，是《证券法》自1998年颁布实施以来的第四次修改。除了全面推行证券发行注册制，新《证券法》大幅提高了对证券违法行为的处罚力度，上市公司造假不仅面临着行政和刑事处罚，还将面临投资者的巨额索赔。

与此同时，也要进一步解放思想。时至今日，仍有很多人认为股票价格的上涨是风险的来临，股票价格的下跌是风险的释放。实际上这个理解是错误的，正因为这种理解，这几年中国股票市场只要涨几天，就有人出来喊话：“风险来了！”2020年7月初中国股市连续涨了几天，各路“财神”也都惊呼：“要理性啦！”其实，只要我们的信息披露是透明的、充分的，股票价格的上涨就是理性的。这里有个错误的理念，总以为股市处在熊市状态，就不会有问题、不会有风险。实际上，长期熊市状态严重破坏了股票市场的功能。照此下去，我们这个资本市场还有何用?

破茧成蝶，未来可期。注册制最大的贡献，不只是对30多年来资本市场进行最重大的改革，它还建立了资本市场最基本、最核心的制度，使其得以行稳致远，从而使得中国有可能通过深化改革打造一个规范、透明、开放，有活力、有韧性的资本市场。

即便有短期波动，但谁也改变不了中国资本市场中长期向好的方向。投资者只要秉持理性投资、长期投资的专业精神，就一定能够与中国资本市场共同健康成长，收获美好的明天。

003 别让“不差钱”贻误“稳外资”大计

近年，坊间资金炒股但全球股市不景气，存银行利息没有吸引力，买房受限于政策，投资又苦于找不到好项目。这个时候，如果你说要加大利用外资，好像容易引发人们误解。其实“外资”不单纯是“资金”，其背后蕴含着中国经济社会发展迫切需要的先进技术设备、先进管理经验、知名品牌、国际供应链和销售渠道，特别是引进外资所形成的开放的社会风气和公平的市场竞争意识。

这两年的“六稳”工作“六保”任务，已经升格为国之大计，我们对此要心中有数，强化责任和担当，沿着正确方向前行。

有几次讲学时，有人问我：近年，坊间资金炒股但全球股市不景气，存银行利息没有吸引力，买房受限于政策，投资又苦于找不到好项目。

这个时候，如果有人说要加大利用外资，好像容易引发人们误解。我们不是“不差钱”吗，怎么还要“稳外资”?

猛一听，似乎很有道理。

没错，在一个国家或地区经济社会发展中，外商投资既有积极作用，也有消极作用。积极作用包括促进经济增长、助推工业化发展、促进产业结构优化升级、促进社会发展、推动对外贸易发展、推动市场经济法律制度建设等；外商投资还能够提供资金、先进的技术、机器设备、管理经验，提供就业岗位，增加财政税收，促进国际收支平衡，等等。

非要说消极作用，一般认为外商投资企业会对民族工业、经济安全、产业安全乃至国家安全产生挑战和威胁。总体看，外商投资已经成为推动中国经济与社会发展的重要动力，外资对中国的积极作用远远大于消极作用。

千万别忘记，对外开放是我国的基本国策，中国经济增长对世界经济增长的贡献率超过30%。

当今世界经济增长三分天下有其一，中国已经积累了大量的资本，中国政府的确“不差钱”，但是中国政府仍然积极吸引外资。除了上述提到的外商投资对一个国家或地区经济社会发展的积极影响和作用之外，更为重要的是，引进外资是中国继续坚持改革开放的重要抓手。

或许，“引进来”就是中国“以开放倒逼改革”的重要手段。尽管外商投资对于中国经济产业发展的“资金”补充作用渐渐降低，但是“外资”不单纯是“资金”，其背后蕴含着中国经济社会发展迫切需要的先进技术设备、先进管理经验、知名品牌、国际供应链和销售渠道，特别是引进外资所形成的开放的社会风气和公平的市场竞争意识。

从这个意义上说，中国政府继续大力引进外资，是不是有利于中国融入国际社会？是不是有利于中国融入经济全球化发展？是不是有利于在国际范围内进行资源配置？是不是更有利于构建开放型经济新格局?

疫情影响的这段时间，逆全球化思潮进一步抬头，贸易和投资保护主义上升，部分国家开放政策逆转，给世界经济带来巨大负面影响。特别是美国贸易保护主义不断加码，频频以单边举措对贸易伙伴进行威胁、施压和制裁，甚至从2018年7月起对中国大打“贸易战”，严重违反WTO规则，动摇全球贸易体制根基，势必会冲击世界经济和全球贸易的正常发展。

乱花渐欲迷人眼，浅草才能没马蹄。我们绝不能被眼前现象所迷惑，必须看到，科学技术的不断发展和世界各国联系的不断增强，必然推动全球化向更深更广的方向发展，特别是以信息通信技术为代表的新一轮科技革命和产业变革正在兴起，客观上会加速突破各种贸易保护主义的壁垒，促进新的国际分工体系和世界经济格局的形成。

第一，全球经济到了最危险的时刻，我们是开放还是封闭? 这个问题已经成为我们的首要抉择。

当前，新冠肺炎疫情带来前所未有的挑战，全球经济同步衰退，复苏之路“道阻且长”。国际货币基金组织最新预测，2020年全球经济将萎缩

4.9%，面临自20世纪30年代经济大萧条以来最严重的衰退。

正如习近平总书记所指出的：“中国对外开放不会停滞，更不会走回头路。”[①]当人类再次站在抉择面前时，中国人将以更大的开放拥抱发展机遇，以更好的合作谋求互利共赢。因为开放合作，这是中国的承诺，更是中国的行动。

*——市场开放在加快。*在2019年版外资准入负面清单进一步扩大农业、采矿业、制造业、服务业开放的基础上，6月23日，中方又公布两个“负面清单”2020年版，进一步提高了服务业、制造业、农业领域的开放水平。

负面清单的持续“瘦身”成为中国实施更大范围、更宽领域、更深层次全面开放的有力实证，更向世界释放出面对疫情冲击中国将持续以开放促改革、促发展的强烈信号。

2020年2月16日，滚装货船“劳拉”轮驶入海口秀英港，这是海南自贸区政策实施以来的首艘汽车外贸船。6月1日，《海南自由贸易港建设总体方案》正式公布，中国特色自由贸易港建设迈出关键一步，全面对接国际高水平经贸规则，促进生产要素自由便利流动，高质量高标准建设自由贸易港。

自贸试验区建设也紧锣密鼓地展开。在2019年8月6日上海自贸试验区临港新片区正式启航的基础上，当月中国自贸试验区“大家族”增添6个新成员，花落山东、江苏、广西、河北、云南、黑龙江六省区。

*——扩大进口在加力。*从2020年1月1日起，中国再次下调部分商品进口关税，对包括日用消费品、重要药品、先进技术设备等850余项进口商品开始实施低于最惠国税率的进口暂定税率，惠及多个国计民生领域。

---

①2016年9月3日，习近平总书记在二十国集团工商峰会开幕式上的讲话。

疫情压力之下，2020年第三届进口博览会筹备工作有条不紊，共有181个国家、地区和国际组织参会，3800多家企业参展，累计意向成交711.3亿美元。2020年企业商业展签约展览面积已超过规划面积的90%，部分展区“一位难求”。

——营商环境在改善。2020年第一天，外商投资法及其实施条例正式施行，全面确立了对外资的准入前国民待遇加负面清单管理制度，为推进更高水平对外开放提供了法治保障。

中国营商环境的持续改善，世界有目共睹。世界银行发布的《全球营商环境报告2020》显示，中国营商环境在全球190个经济体中排名第31位，较前一年的第46位大幅提升。

——平等待遇在推进。外商投资法实施条例明确规定政府及其有关部门在资金安排、土地供应、税费减免、资质许可、标准制定、项目申报、人力资源政策等方面，应依法平等对待外商投资企业和内资企业。

平等对待、一视同仁，开放包容的中国经济正焕发出巨大的磁吸效应。美国荣鼎咨询集团日前发布报告说，外资在华并购热情持续高涨。2020年前5个月，外资在华并购金额达90亿美元，10年来首次超过同期中国企业海外并购金额。

——经贸谈判在不断进行。2020年6月，区域全面经济伙伴关系协定（RCEP）部长级视频会议举行，与会各方决定致力于年内签署协定。之前在2019年11月，RCEP谈判取得重大进展，15个成员国结束全部文本谈判及实质上所有市场准入谈判。

在不久前举行的第二十二次中国—欧盟领导人会晤上，中欧领导人重申致力于在2020年达成中欧投资协定，同意将尽最大努力尽快就公平竞争方面的规则达成共识。

第二，面对全球跨境直接投资有所萎缩，我们是“引进来”还是“走出去”？2020年“稳外资”已经不是问题。

“引进来”就是吸取国外先进的生产和管理经验，运用到国内相同或相近的领域，以促进自身的发展和壮大，加快先进技术和生产力的本土化；而“走出去”，是在“引进来”的基础之上实现的，充分发挥“引进来”的积极推动作用，促进自身能力的提高，才有实力“走出去”。具体就是采取到境外投资办厂、对外承包工程和劳务输出等形式，与外国进行经济技术合作。

目前外商投资对中国的信心是有向好变化的。2020年年初，一些外国投资者对我国缺乏信心，甚至有转移投资或者减少投资的情况。经过历时两个月的举国努力，中国不仅使疫情得到了有效控制，还开始对其他国家展开援助，在向世界充分展示我国的制度优势的同时，也向世界证明了中国是外商投资最安全的国度之一。

这真是“冲天香阵透长安，满城尽带黄金甲”。2020年“两会”上，李克强总理在政府工作报告中提出，面对外部环境变化，要坚定不移扩大对外开放，稳定产业链供应链，以开放促改革促发展。要推进我国更高水平对外开放，稳住外贸外资基本盘。

——稳住外贸外资基本盘。2020年，各地各部门在做好疫情防控工作的同时，积极有序推动复工复产，出台了一系列有针对性的政策，使外贸趋于回稳。当前疫情仍在全球蔓延，世界经济严重衰退。我国经济已深度融入世界经济，下一步外贸环境依然严峻复杂，对此必须有充分的估计和准备。要聚力“六稳”“六保”，坚定发展信心，积极应对困难挑战，着力推动更高水平对外开放，创新外贸方式，推动外贸促稳提质，为保就业、稳经济提供支撑。

——积极做好利用外资工作。这几年，外资企业在中国也出现了结构调整，表现为劳动密集型产业的部分外企搬离中国，而服务业、高端制造等高附加值领域的外企进入中国。近两年新设外企的数量和增速，以及各大跨国企业投资中国的实际行动都说明了中国吸引外资还有很大潜力。因为中国不仅是一个巨大的市场，更将成为一个世界性的生产基地。这就要求我们大幅缩减外资准入负面清单，出台跨境服务贸易负面清单。赋予自贸试验区更大改革开放自主权，加快海南自由贸易港建设，在中西部地区增设自贸试验区、综合保税区，增加服务业扩大开放综合试点。营造内外资企业一视同仁、公平竞争的市场环境。

*——高质量共建“一带一路”。*2020年第一季度，在全球新冠肺炎疫情非常严重的情况下，中国和东盟的货物贸易总额增长6.1%，突破1400亿美元，东盟第一次成为中国最大贸易伙伴。“一带一路”建设是中国高质量对外开放的重要抓手，坚持“引进来”和“走出去”并重，坚持共商共建共享，遵循市场原则和国际通行规则，发挥企业主体作用，开展互惠互利合作，形成陆海内外联动、东西双向互济的开放新格局。“一带一路”建设沿线各国资源禀赋各异，经济互补性较强，彼此合作的潜力和空间很大。“一带一路”不仅涉及众多国家和地区，而且涉及众多产业和生产要素，将带来巨大的发展机遇，从而推动人类命运共同体的构建。

*——推动贸易和投资自由化便利化。*改革开放40多年来，中国事实上已经成为经济全球化的重要受益者和坚定捍卫者。中国坚定维护多边贸易体制，积极参与世贸组织改革，推动建设开放型世界经济。中国将要同更多国家商签高标准自由贸易协定，加强海关、税收、审计监管等领域合作，建立共建“一带一路”税收征管合作机制，加快推广“经认证的经营者”国际互认合作，推动经济全球化朝着更加开放、包容、普惠、平衡、共赢的方向发展。要赋予自贸试验区更大改革开放自主权，加快海南自由贸易港建设，在中西部地区增设自贸试验区、综合保税区，增加服务业扩大开放综合试点。

*第三，面对新冠肺炎疫情给全球跨国投资带来的巨大冲击，我们如何大幅缩减外资准入负面清单？*从制度型开放上对我们提出要求。

2020年以来，面对复杂形势，中国坚定不移扩大改革开放，放宽市场准入，持续优化营商环境，推进更高水平对外开放，展现了中国扩大对外开放的决心，也表明了中国坚定支持经济全球化的态度。

“忽如一夜春风来，千树万树梨花开。”2020年6月23日，我国分别发布了《外商投资准入特别管理措施（负面清单）（2020年版）》和《自由贸易试验区外商投资准入特别管理措施（负面清单）（2020年版）》，自2020年7月23日起施行。这次修订按照只减不增的原则，进一步缩减外商投资准入负面清单，展示了我国坚定不移扩大改革开放的决心。

党的十八届三中全会以来，我国深入探索对外商投资实行准入前国民待遇加负面清单管理制度，不断提高开放水平。2019年出台的外商投资法及其实施条例，在法律法规层面正式确立了准入前国民待遇加负面清单管理制度，外商投资准入负面清单统一列出禁止或限制投资的领域，负面清单之外给予外商投资国民待遇。

自2017年以来，我国已经连续三年修订全国和自贸试验区外商投资准入负面清单，限制措施分别由93项、122项减至40项、37项，在金融、汽车等行业领域推出了一系列重大开放举措，提振了外商投资信心。2017—2019年，在全球跨国投资连续下滑的背景下，我国吸引外资分别达1363亿美元、1383亿美元、1412亿美元，稳居世界第二位，实现了稳中有增、稳中提质。

与2019年版相比，2020年版外商投资准入负面清单进一步缩减，提高了服务业、制造业、农业开放水平。其中，全国负面清单由40条减至33条，压减比例17.5%，还有2条部分开放；自贸试验区负面清单由37条减至30条，压减比例18.9%，还有1条部分开放。

加快服务业重点领域开放进程。在金融领域，取消证券公司、证券投资基金管理公司、期货公司、寿险公司外资股比限制；基础设施领域，取消50万人口以上城市供排水管网的建设、经营须由中方控股的规定；交通运输领域，取消禁止外商投资空中交通管制的规定，同时调整了民用机场条目的规定。

放宽制造业、农业准入。制造业领域，放开商用车制造外资股比限制，取消禁止外商投资放射性矿产冶炼、加工和核燃料生产的规定；农业领域，将小麦新品种选育和种子生产须由中方控股放宽为中方股比不低于34%。

继续在自贸试验区进行开放试点。在全国开放措施的基础上，自贸试验区继续先行先试。在医药领域，取消禁止外商投资中药饮片的规定；在教育领域，允许外商独资设立学制类职业教育机构。

笔者从国家发展改革委外资司还了解到，制定2020年版外商投资准入负面清单总的方向是实施更大范围、更宽领域、更深层次的全面开放，以高水平开放推动经济高质量发展。

——*扩大外资市场准入。*落实党中央、国务院部署，积极应对新冠肺炎疫情，提高制造业、服务业、农业开放水平，以开放促改革、促发展。

——*推进制度型开放。*落实外商投资法及其实施条例，完善外商投资准入负面清单规则，全面实施准入前国民待遇加负面清单管理制度。

——*负面清单只做减法，不做加法。*外商投资准入负面清单修订不新增或加严对外资的限制，开放的大门越开越大。

——*发挥自贸试验区扩大开放试验田作用。*继续在自贸试验区进行扩大开放的压力测试，在一些领域的开放上先行一步。

——*在扩大开放的同时维护国家安全。*要按照外商投资法要求，做好投资管理工作，统筹兼顾开放与安全。

第四，面对扩大有效投资，我们为什么强调从“引资”到“引资+引技+引智”有机结合，进而推进经济高质量发展？

“明镜所以照形，古事所以知今。”改革开放40多年中国吸收外资历程，大致经历了以下四个阶段：1979—1991年的起步阶段，这期间中国年均使用外资的规模一直在50亿美元以下，但是增长的趋势很稳定；1992—2000年的快速发展阶段，1992年邓小平南方谈话之后，中国外商投资增长迅速，当年就超过了110亿美元，2000年为407.15亿美元；2001—2008年的稳定增长阶段，2001年中国加入WTO，外商投资规模和增速迎来了新一轮的高峰，2008年国际金融危机爆发，中国实际吸收外资流量反而突破千亿美元大关；自2009年至今进入低速增长阶段，个别年份甚至为负增长。

经过疫情的考验，各国的投资者会更加深刻地体会到，中国推动更高水平开放的脚步不会放缓，中国利用外资的政策不会变，中国为各国企业在华投资兴业提供更好服务的方向不会变。

我们相信，蓬勃发展的中国大市场对外国投资的吸引力不会因一场疫情而改变。目前招商引资已经成为地方经济发展的主要途径，在经济建设中起到了不可估量的作用，也极大地改善了地方经济社会环境。我国在实行招商引资的这些年，经济不断发展，一跃成为世界经济大国，但是最近几年，我国经济发展处于相对缓慢时期，要“六稳”“六保”，就必须从招商引资向招商选资再向“引资+引技+引智”转变。

所以，当前我国吸收外资，更加强调提高外商投资的质量和效益，以及外商投资对我国产业结构优化升级的助推作用，欢迎先进制造业、现代服务业、现代农业、生态环保以及其他新兴技术产业的外资企业来中国投资。

不仅东部沿海城市如此，中西部也形成日渐明晰的趋势。推动产业转型升级，更需要通过招商引资，引来人才和技术，这样才有竞争力和可持续发展的能力。尤其要学会招商引资、招人聚才并举，择天下英才而用之，广泛吸引各类创新人才特别是最缺的人才。

同时，完善稳外贸稳外资的新政。坚定不移推出更多扩大开放的举措，推动多领域多层次的国际合作，在不断深化制造业开放的同时，扩大服务业特别是高端服务业开放，进一步打造市场化、法治化、国际化营商环境，完善鼓励和吸引外商投资的政策，让中国成为更多外商投资兴业的热土，增强中西部和东北地区承接产业转移的吸引力。鼓励引导多元投入建设海外仓，加大对带动中小企业出口的外贸服务平台的支持，培育新的外贸增长点。

改革措施千万条，企业感受第一条。在这里，外商投资法尤其凸显了对外商投资合法权益的保护，体现了我国以法治手段营造便利、高效、透明、平等、公平的外商投资环境，已成为各级政府的行动自觉。如何做好企业的"店小二"，政府不仅要"有求必应、无事不扰"，更要"帮人难处、成人之美"。

说了这么多，信心比黄金更珍贵。"稳外资"作为我们体察"国之大者"的过程，也是我们凝聚共识、凝聚力量的过程，相信定能拨云见日，破浪向前。

004 “六稳六保”下的金融“三生烟火”

“六稳”坚持结果导向，虽然稳金融仅排在第二位，但稳就业是基础，稳金融、稳外贸、稳外资、稳投资是手段，稳预期是目的。稳金融显然被列为手段中的第一位。“六保”则坚持问题导向，虽然没有提及金融，但保居民就业、保基本民生、保市场主体、保粮食能源安全、保产业链供应链稳定、保基层运转，你说谁能离开金融?

一位记者告诉我，前些日子到太姥山脚下，一面面竹片编成的竹匾上正晾晒着2020年刚刚采摘下来的白茶茶青。偌大的厂房里，工人们忙碌地挑拣茶青、加工茶叶。

萎凋、堆积、干燥、拣剔、正茶、匀堆、烘焙……经过一道道复杂工序，一批批芽头肥壮、满披白毫的福鼎白茶制作完成。“今年这个时节客户能喝上汤色杏黄、清芳醇和的白茶，真是不易。”茶厂负责人说。

“白茶产品广受欢迎。今年初我们本想扩大制茶规模，提前采购了一批茶青，预付款已经付出去了，没想到受疫情影响，下游回款变慢，采购尾款没了着落。”这位负责人说，就在他一筹莫展之际，一家银行向他介绍了新推出的“茶农贷”产品，可提供100万元信用贷款，无需抵押物，利率比同类贷款低了1个百分点。

突如其来的疫情，给中小企业带来不少困难与挑战。但来自信贷政策的有力支持，让中小企业感受到“人间温暖”。

“六稳”是在中美经贸摩擦背景下，针对我国经济运行中出现的重点问题采取的措施，目的是稳住经济运行大局。“六保”是针对疫情造成国内外经济下行压力加剧的情况，对经济发展环境变化作出的调整，体现了国家对宏观经济层面的务实判断。

如何理解“六稳”“六保”？千万别从字面上理解。虽然“六稳”中稳金融仅排在第二位，但稳就业是基础，稳金融、稳外贸、稳外资、稳投资是手段，稳预期是目的。在这里，稳金融显然被列为手段中的第一位。习近平总书记在中央政治局集体学习会上指出，金融活，经济活；金融稳，经济稳。经济兴，金融兴；经济强，金融强。

再看“六保”，虽然没有提及金融，但保居民就业、保基本民生、保市场主体、保粮食能源安全、保产业链供应链稳定、保基层运转，你说谁能离开金融？李克强总理在北京金融部门调研时曾说：“从刚才考察商业银行看，贷款利率普遍在6%以上。可多方面调查的数据表明，企业利润目前平均只有5%，扣除财务费用之后不就成负增长了吗？实体经济垮了，金融怎么支撑？企业融资成本下不来，将会严重影响就业、创业，金融企业最后也会受到冲击。”

可想而知，做好当下金融工作，是何等的重要。对当前形势我们怎么看？下一步我们怎么干？我们必须要识“人间烟火”——

为了应对贸易战的影响与冲击，中央首次提出“六稳”是在2018年7月，当时中美贸易摩擦加剧，外部环境发生明显变化，经济运行稳中有变，稳中有忧。中央审时度势，未雨绸缪，旗帜鲜明地提出“要做好稳就业、稳金融、稳外贸、稳外资、稳投资、稳预期工作”，把“六稳”作为实现中国经济稳中求进的基本要求。在“六稳”发力下，我国经济经受住了外部环境变化带来的冲击，保持了平稳健康发展。2018年12月召开的中央经济工作会议，重申2019年经济工作要强化“六稳”。

就业方面：因贸易摩擦冲击，不少企业遭遇撤单，导致下岗工人增加。此外，2018年大学毕业生834万人，创历史新高，使就业形势愈加严峻。

金融方面：2018年人民币波动异常加剧，曾多次濒临“破7”关卡；市场资金相对紧缩，债市违约乌云笼罩。

外贸方面：海关总署公布的数据显示，2018年11月受贸易摩擦影响，出口骤降5.4%。紧接着，12月公布的进出口数据双双下降。其中，进口下滑7.6%，创两年半以来最大降幅；出口则下降4.4%，亦创下两年以来最大降幅。

外资方面：多数在中国的外资企业产品以外销为主；少数外资企业因担忧贸易摩擦升级，很想转移生产基地。

投资方面：由于产能过剩，“融资难”“融资贵”使得企业借贷难上加难，民间投资意愿裹足不前。而由政府主导的基础建设投资，又难以有效提升整体投资总量。

预期方面：对景气走向判断是否正确，预期是否理性精准，将影响经济决策。

经过一年多的实践，财政与货币政策双管齐下，中央与地方政策多箭齐发，包括全国各地密集出台的稳就业措施，以及中国人民银行接连5次降准释放流动性、稳金融及人民币汇率、减税降费、扩大地方债发行稳投资、开放市场稳外资等措施，可说是多措并举，全面应对。

我们还要清楚“六保”是在我国经济遭受疫情严重冲击下提出的。2020年伊始，突如其来的疫情严重冲击我国经济，造成前所未有的影响。中央政治局4月17日召开会议，针对当前经济形势和经济工作，首次提出了“保居民就业、保基本民生、保市场主体、保粮食能源安全、保产业链供应链稳定、保基层运转”的“六保”新任务。

保居民就业，就是抓好重点行业、重点人群就业工作，把高校毕业生就业作为重中之重，确保就业大局稳定。

保基本民生，就是切实做好民生保障工作，加大脱贫攻坚力度，复工复产中优先使用贫困地区劳动力，确保如期全面完成脱贫攻坚任务；要完善社会保障，做好低保工作，及时发放价格临时补贴，确保群众基本生活。

保市场主体，就是着力帮扶中小企业渡过难关。各类市场主体是我国国民经济发展的主要支撑，需要保持其稳定开工运行。

保粮食能源安全，就是抓好农业生产和重要农副食品的保供稳价，确保老百姓的“米袋子”“菜篮子”货足价稳，确保煤电油气安全稳定供应。

保产业链供应链稳定，就是针对国际疫情持续蔓延导致海外需求下降，部分企业停工停产给我国产业链供应链带来的较大影响。

保基层运转，就是确保基层政府保基本民生、保工资、保运转。针对一些地方财政受疫情影响较大，中央加大对地方的转移支付力度，确定阶段性地提高地方财政资金留用比例。

明白了“六稳”“六保”的前世今生，我们究竟如何把握它们之间的关系呢?

要求我们坚持稳中求进的工作总基调，这是习近平新时代中国特色社会主义经济思想的重要内容，是推动经济持续健康发展的正确策略和方法。“六稳”和“六保”都是稳中求进工作总基调的具体体现，是在不同形势下作出的科学安排。

“六稳”坚持结果导向。稳经济就要从决定经济发展的各个变量入手，稳住每个变量。从支出角度看，经济增长主要受消费、投资和净出口影响，为此要稳消费、稳投资、稳外贸。收入决定消费，当前，我国居民收入主要是工资性收入，来自就业。

这时金融和预期在经济增长中也发挥着重要作用。古典经济学将经济机械地分为实物方面和货币方面，认为货币就像罩在实物经济上的一层面纱。但后来的经济实践和金融危机证明，金融对经济增长至关重要，经济学家开始把金融活动纳入经济增长模型。预期是影响微观主体经济行为的重要参数，进而也构成影响宏观经济运行的重要变量。因此，稳经济就要致力于稳金融和稳预期。

*"六保"则坚持问题导向。*经济体系是一个系统，这个系统中有多个部门，经济学一般把这些部门分成家庭、企业、政府和国外部门。不同部门通过自己的生产、分配、交换、消费等活动彼此联系，形成经济大循环，在此过程中产生经济产出。在疫情冲击下，经济大循环按下"暂停键"，各部门的生产、分配、交换、消费活动被冻结，经济产出严重缩水，家庭、企业、政府部门内的经济主体收入锐减，陷入流动性危机。长此以往，大量主体难以为继，不得不退出经济循环。如此，即使疫情过去，由于经济主体已经消亡，经济循环难以重启，经济也就难以恢复。

为此，在疫情冲击下，必须保住各类主体。在家庭部门，就要保居民就业，保基本民生。在企业部门，就要保市场主体。在政府部门，就要保基层运转。在国外部门，就要保产业链供应链稳定。而粮食和能源安全是经济循环的基本条件，也是必须保的。

当下的"六稳""六保"，两者早已不是孤立的，而是彼此联系的。因为"六稳"是大局，"六保"是前提，当前形势下，只有全面落实好"六保"，才能实现"六稳"，才能稳住中国经济这个大局，实现稳中求进。通过保居民就业实现稳就业，通过保基本民生、保市场主体实现稳投资，通过保产业链供应链稳定实现稳外资、稳外贸。

话说到这里，我们切切不可忘记，一分部署，九分落实。

做好"六稳"工作、落实"六保"任务，已是当务之急，刻不容缓。正如习近平总书记在宁夏考察时进一步强调的，要全面落实党中央决策部署，坚持稳中求进工作总基调，坚持新发展理念，落实全国"两会"工作部署，坚决打好三大攻坚战，扎实做好"六稳"工作，全面落实"六保"任务，努力克服新冠肺炎疫情带来的不利影响，优先稳就业保民生，决胜全面建成小康社会，决战脱贫攻坚。

*——要攻坚克难，首先要认清困难，预判风险。*只有对中国面临的风

险挑战洞若观火，才能对中国所处的发展环境深谋远虑，真正为“六稳”“六保”精准施策。

从国际看，世界经济深度衰退、国际贸易和投资大幅萎缩、国际金融市场动荡、国际交往受限等不利局面，尤其世界经济出现前所未见的负增长、负利率、负油价、负收益，使得我国经济发展的外部环境严重恶化，经济平稳健康发展须面对一系列新挑战和新风险。

从国内看，中国既要转变发展方式、优化经济结构、转换增长动力，面临着结构性、体制性、周期性问题相互交织所带来的困难和挑战，又要面对新冠肺炎疫情的冲击。一是经济增长不稳。生产、消费等经济活动大范围停滞，导致投资、消费、进出口快速下行，经济负增长。二是经济主体陷入危机。在疫情冲击下，企业部门、家庭部门、政府部门受到严重影响，企业和家庭收入下降，陷入现金流危机，时间一长，可能破产。政府部门收入下降，支出上升，导致债务积累、赤字增加。三是金融风险加大。疫情的不确定性给金融市场投资者造成严重干扰，导致预期不稳，资产价格波动性上升，金融市场动荡。而在疫情冲击下，企业、居民收入下降乃至破产也会传导到金融机构，导致金融机构资产损失，并进而威胁金融稳定。四是内外经济失衡。疫情冲击给进出口造成重大影响，2020年一季度我国进出口均呈负增长。疫情也会影响资本收支平衡，引起汇率波动。

*——要攻坚克难，更要认识自己，坚定自信。*只要以坚定的信心，拿出“敢教日月换新天”的气概，鼓起“不破楼兰终不还”的劲头，就能真正打赢“六稳”“六保”攻坚战。

目前我们有哪些优势？我国经济潜力足、韧性强、回旋空间大、政策工具多的基本特点没有变。中国具有全球最完整、规模最大的工业体系，强大的生产能力、完善的配套能力，拥有1亿多市场主体和1.7亿多受过高等教育或拥有各类专业技能的人才。此外，中国拥有包括4亿多中等收入群体在内的14亿人口所形成的超大规模内需市场，投资需求潜力巨大。我们的制度，既有利于激发各类市场主体活力、解放和发展社会生产力，又有利于促进效率和公平有机统一、不断实现共同富裕。在国际事务中，我们坚持多边主义和国际关系民主化，站在了历史正确的一边……这些都是中国的优势，是中国人民战胜困难的利器、必胜信念的重要来源。

*——要攻坚克难，重中之重是要干在实处，敢于破局。*只有逐步形成以国内大循环为主体，国内国际双循环相互促进的新发展格局，才能为全面建成小康社会夯实基础。

提高服务引导精准度，着力攻克复工复产难点堵点。复工复产已逐步进入攻坚克难期，必须加大力度解决顽固环节，破除梗阻，打通复工复产“最后一公里”。要建立企业服务长效机制，持续解决企业复工复产达效面临的实际困难，要坚持金融问题导向，通过定期开展重点企业对接会、用工洽谈会、问题协调会、政策宣讲推进会等，把脉企业真实情况，切实为企业解决“融资难”“融资贵”的困难。

推动有效惠企政策落地、见效，为企业送实惠、提信心。疫情对企业尤其是中小微企业生产经营带来的影响，目前看来不容小觑，有些甚至是致命的。此时企业迫切需要的是实实在在的、短期见效快的、切实能帮助共克时艰的好政策。因此，要紧紧围绕做好“六稳”工作、落实“六保”任务，结合疫情和复工复产现实，加快制定出台各领域更加精准、更加有效的政策措施。尤其是研究制定阶段性、有针对性的减税降费、税款缓缴、稳岗就业、信贷优惠等扶持政策，切实把实惠送到企业手中，缓解企业的燃眉之急，让企业感受到政府关怀，提振发展信心。

持续加大有效投入、加快项目建设，花大力气稳存量、补增量。要充分重视和正视疫情带来的经济下行压力和发展缺口，不断用新的发展动力尽快弥补损失。要加快推进项目建设，千方百计破除疫情带来的开、复工阻碍，全方位做好服务指导，尤其是推进优质产业项目的优先加快复工。要狠抓项目招引，抓住“新基建”契机，做好资金等政策配套，加快推进5G网络、人工智能、工业互联网、物联网、数据中心等新型基础设施建设。

还有，引导金融机构向企业合理让利助力，加快降费政策落地见效，为市场主体减负。进一步发挥好积极财政政策，特别是在纾困和激发市场活力规模的同时，加大货币金融政策支持实体经济的力度，推动金融机构与企业共生共荣；进一步抓住合理让利这个关键，保市场主体，稳住经济基本盘；进一步引导贷款利率和债券利率下行、发放优惠利率贷款、实施中小微企业贷款延期还本付息、支持发放小微企业无担保信用贷款、减少银行收费等政策；进一步综合运用降准、再贷款等工具，保持市场流动性合理充裕，加大力度解决融资难，缓解企业资金压力；进一步完善资金直达企业的政策工具和相关机制，按照有保有控要求，确保新增金融资金主要流向制造业、一般服务业尤其是中小微企业，更好发挥救急纾困、“雪中送炭”效应，防止资金“跑偏”和“空转”，防范金融风险；进一步增强金融服务中小微企业的能力和动力，合理补充中小银行资本金，督促银行完善内部考核激励机制，提升普惠金融在考核中的权重，加大不良贷款核销处置力度，严禁发放贷款时附加不合理条件，切实做到市场主体实际融资成本明显下降、贷款难度进一步降低。

李克强总理在作政府工作报告时强调过：“大道至简，有权不可任性。”这给我们大家提了一个醒，各地区各部门各方面，对“国之大者”要心中有数。

稳金融说白了，就是在“六稳”“六保”中，得有“用我三生烟火，换你一世迷离”的气概！

005　后疫情下的金融良心

当下，全球疫情持续蔓延，世界经济面临新一轮危机，这对每一个人甚至每一个国家、每一个民族都是一次大考。考什么？就是考良心。在经济的生死攸关面前，金融的作用得从“供氧输血”向“供氧造血”转变，尽可能减少伤害，加快经济“体能恢复”，加码促进经济动能的复苏和经济活力的提升。

“我们真的不敢相信，支付工资就能从银行获得融资，价格还特别优惠。”2020年初，笔者参加企业复工复产座谈会，听到有企业反映，获得了当地银行一笔几百万元的贷款。

这家化纤纺织企业负责人激动地说：“在目前国外订单骤减的情况下，这笔资金真是企业的‘救命钱’，也是金融的‘良心钱’。”

作为国民经济的重要细胞，企业稳，则经济稳，就业就有保障。当下，全球疫情持续蔓延，世界经济面临新一轮危机，这对每一个人甚至每一个国家、每一个民族都是一次大考。

考什么？就是考良心。

何谓金融良心？

这是我提出的一个概念。所谓金融良心，与白衣天使的使命是一致的，就是救死扶伤。这里说的良心，其实就是初心。从这个意义上说，最可靠的使命理当是初心的延续，是为实现初心所必须付出的实践，无论多么艰苦卓绝，都当甘之如饴，也都会积极、自觉、奋力地践行之。有人会问，这个时候的金融良心是什么？

在百姓生与死面前，金融就得发挥好“供氧输血”的作用，出台紧急措施，足额投放资金，保持流动性合理充裕。各类金融机构要在第一时间加入金融战“疫”队伍。银行业在量的方面倾斜资源，在价的方面实行优惠利率。债券市场也运用市场化手段筹集资金，精准对接疫情防控应急融资需求。此外，给医护人员等群体赠送保险则是国内保险业在此次疫情下推出的一大亮点举措。也许，这个时候良心不是金，却比金更值钱；良心不是宝，却比宝更重要。

大敌当前，2020年我们中国抗疫的前半场已经收官，目前已进入后半场。如果有人问，这个时候的金融良心是什么？在经济的生死攸关面前，金融的作用得从“供氧输血”向“供氧造血”转变，尽可能减少伤害，加快经济“体能恢复”，加码促进经济动能的复苏和经济活力的提升。

确切地说，受疫情影响，目前众多中小企业资金链承压，处于这一非常时期，金融不可能独善其身，一定要与企业同舟共济。尤其是依赖地方经济和中小企业发展的地方金融，如果此时再不支持中小企业，资金链就会成为压垮他们的最后一根稻草。也许，这个时候的金融给良心赋金，就是给你生命；金融给良心赋宝，就是给你健康。

可见，疫情发生以来，经济与金融“共生共荣”的关系更加明显。尽管国内疫情防控已见到成效，但在全球范围内，疫情仍在蔓延，形势仍具有严峻性和较大不确定性。境外疫情持续蔓延，世界经济陷入衰退，不稳定不确定因素显著增多，我国经济发展面临新的困难和挑战。如何看待疫情对全球经济形势的影响？中国经济发展面临怎样的压力？又该如何应对各种不确定性？

为什么在这个时候强调金融良心呢？

主要考虑2020年对全球极不平凡，突如其来的新冠肺炎疫情给各国经济社会发展带来前所未有的冲击，主要经济指标明显下滑。由于这次疫情，以及石油价格的闪崩，还有美国股市两周内的4次熔断，美国和欧洲股票市场都受到了重创。

表面上看，发达国家医疗体系很发达，但另一个事实是国家动员能力弱，当疫情在某些城市或州县扩散时，集中收治面临巨大挑战。

从2019年下半年开始，国际货币基金组织、世界银行等国际发展机构已经多次下调2020—2021两年世界各国的增长预期。也就是说，在疫情暴发前，全球特别是发达国家的经济就已经走软。而疫情带来的隔离或封城措施，对已经在下滑通道的经济而言更是雪上加霜。美欧日等发达国家现在的利率已经是零利率或负利率，除了采用非常规的数量宽松之外，没有多少其他货币政策手段可用，政府财政积累的负债率也已很高。

为了应对疫情期间失业人数剧增，维持社会稳定，有些国家不得不出台高达GDP的10%甚至20%的超常规财政援助措施，但收效有限。可以说，美国和其他发达国家出现经济衰退已是必然。有不少人认为，以美国为代表的发达国家陷入类似1929年经济大萧条的可能性越来越大，但也有不同声音反对此观点。笔者估计这将是一个大概率事件。

美国政府2021年1月28日公布的数据显示，2020年全年GDP－3.5%，是2009年以来首次下跌，也是1946年以来最大跌幅。欧元区下滑到－6.8%，日本下滑到－4.5%。随着疫情的不断恶化，新的预测越来越悲观，国际金融研究院的预测是，全球的衰退真的到了史无前例。

回头看，2008年的国际金融危机引发了全球动荡，导致全球经济进入历时10多年的衰退调整，深刻改变了发达国家与发展中国家之间，以及发达国家内部的力量格局。2020年由于疫情和油价等带来的经济下滑压力和不确定性，已经触发了发达国家由这10多年来宽松货币政策支撑起来的股市的崩盘。所以往前看，很有可能演变成一场全球性的经济危机。

国外疫情正处于上升期或暴发期，除了我国防控病例输入的压力大增，还会对中国经济产生哪些影响？中国是世界第二大经济体，也是最大的出口国，所以疫情在影响全球经济的同时，对中国国内经济的影响也很大。

疫情最大的影响是同时冲击了需求和供给，还带来了巨大的不确定性。全球疫情暴发后，需求大幅萎缩。虽然线上购物和线上娱乐产业有较好增长，但线下产业受到了很大影响。

疫情也冲击了供给端，对城市和农村都带来了一定程度的影响。比如，城市调查失业率从5.2%上升到6.2%，上升了100个基点。相比之下，在2008年的全球金融经济危机时，处于最高点时的失业率从4.0%上升到4.3%，只提高了30个基点。尤其是农村就业不足，由此导致农村家庭和低收入人群的生活受到影响。

如何寻找我们的金融良心?

那天，笔者遇见国家发展改革委副主任兼国家统计局局长宁吉喆，他拿出许多数据，提醒我们要全面辩证地看待疫情与经济形势。

*疫情冲击影响较大，产业发展韧性凸显。*2020年一季度，新冠肺炎疫情严重冲击生产生活秩序，对经济运行造成巨大影响，抗击疫情付出了必要的也是不得不付出的代价。初步核算，一季度国内生产总值同比下降6.8%，其中第一、二、三产业增加值分别下降3.2%，9.6%，5.2%。与此同时，我国经济社会发展经受住了新冠肺炎疫情带来的严峻考验，这是因为我国长期发展积累的物质基础雄厚，经济发展韧性强，关系国计民生的农业、能源、原材料、信息、金融等主要行业持续生产，保证了经济社会基本运转。

*投资活动放缓，卫生防疫等短板领域建设力度加大。*在疫情冲击下，受施工天数减少、工程进度偏慢、投资项目所需物资和人员不足等多种因素影响，整体投资明显下滑。一季度，固定资产投资同比下降16.1%。面对快速攀升的抗疫需求，各地区各部门坚持全国一盘棋，着力加大应急物资、医疗卫生领域投资力度，医疗物资生产能力迅速扩大。

*市场消费降低，居民生活必需品销售稳中有增。*疫情防控期间，居民线下购物、在外就餐、亲朋聚会、外出旅游、文体娱乐等消费活动大量减

少。一季度，社会消费品零售总额同比下降19.0%，其中商品零售额下降15.8%，餐饮收入下降44.3%；全国居民人均消费支出实际下降12.5%。尽管面临疫情严重冲击，但全国范围内生活必需品供应充足，与群众基本生活密切相关的商品生产和销售保持增长。

*居民就业和增收压力上升，基本民生保障力度加大。*在疫情冲击下，较多企业用工需求减少，部分招聘延迟或取消，就业压力明显加大。3月份就业人员比1月份减少6%以上。就业难度加大加上企业增收困难，居民实际收入出现多年来没有的下降状况。一季度，全国居民人均可支配收入同比实际下降3.9%，其中城镇和农村居民分别下降3.9%和4.7%。为降低疫情影响，就业优先政策持续发力，援企稳岗力度不断加大。

*复工复产步伐加快，复岗复市尚需努力。*随着国内疫情防控成效逐步巩固，各类企业有序复工复产，生产生活秩序加快恢复。据工业和信息化部监测，截至2020年4月14日，全国规模以上工业企业平均开工率已达99%，中小企业复工率超过80%。国家发改委信息反映，铁路、机场、能源和外商投资项目基本复工，5G、数据中心等新型基础设施建设加快推进，3月底重点项目复工率达到90%以上。

*外部风险挑战上升，外贸外资基本盘大体稳定。*目前全球疫情持续大流行，全球贸易和跨境投资均遭受重创。联合国贸易和发展会议预测，全球外商直接投资（FDI）在2020—2021年间将下降30%～40%。受国内外疫情影响，一季度我国外贸外资规模有所下降。1—3月份，我国货物进出口总额（按人民币计）同比下降6.4%，实际使用外资下降10.8%，4月明显恢复，同比增长11.8%，1—4月降幅收窄4.7个百分点。尽管我国货物贸易总量有所下降，但总体规模依然可观，贸易市场多元化趋势明显，大宗商品和重点民生消费品进口较快增长，高技术服务业利用外资快速增加，贸易结构继续改善。

综上，我们发现新冠肺炎疫情对宏观经济的不利冲击主要是短期影响，尤其对第一季度的影响较大。长期而言，我国经济发展仍具有较强的韧性和惯性，采取相应的稳增长政策就能够将疫情冲击影响降到最小。

也许，“心正则身正，心清则目明”。疫情正倒逼我们，需要我们不失金融的良心，具体地说：

——*积极财政政策方面。*应加大财政扩张的力度，可以较大幅度提高财政赤字率，增加基本建设、教育、研究开发、文化等方面的支出。降低个人所得税，增加转移支付，稳定和提高个人的消费能力。其他可选择的政策工具，还包括发行特别国债、扩大开发银行贷款规模、增加地方专项债项目等。

增加赤字率。过去中国政府把每年的财政赤字控制在GDP的3%以内，而当前遭遇供给和需求“双杀”，2020年应该可以允许政府财政赤字率上升到3%以上，甚至增加2~3个百分点。也就是说，我们100万亿元的GDP一年可以赤字3万亿元以上。

增发特别国债。这也是一个方面，这笔钱大约有1.5万亿元，可以作为疫情应对过程中各种开支的需要。

扩大专项债规模。专项债用于铁路、轨道交通等基础设施建设，以及生态环保、产业园区等领域重大基础设施项目建设，可有效弥补公共设施短板，同时发挥财政资金杠杆作用，带动社会投资，形成对经济的有力拉动。2020年以来，专项债发行快马加鞭，稳投资作用逐步增强。财政部前期已提前下达2020年新增地方政府专项债额度1.29万亿元，截至2020年4月15日，已发行11607亿元。

为中小企业减税。这个减税有几类，中小企业亏损了，亏损的部分抵扣各种所得税。延长企业亏损结转手续。一季度亏损了，把2019年的盈利和2020年一季度的亏损抵扣，这也是体现对企业的温暖关怀。

减免企业社保缴费和公积金。阶段性减免五险一金缴费，包括企业要上缴的住房公积金、养老保险、医疗保险等。

——强劲货币政策方面。应该充实流动性，引导资金“脱虚向实”，让资金回流到实体经济，采取各种针对性较强的政策工具扶持民营企业、小微企业等。此外，根据经济形势决定后续政策，还应该想办法鼓励直接融资。

降息。2020年以来，为应对疫情冲击，中国人民银行采取一系列措施，两次降息措施快速到位作用明显。

降准。普遍性的降准和专项降准各有一次，已经有两次下来了。前些年，我们的准备金率高了，100亿元存款往往可能只有60亿元可以拿来贷款。这几年，准备金率降低了以后，100亿元就可能有80多亿元可以拿来放款。央行决定，于2020年4月15日和5月15日分两次对中小银行定向降准，每次下调0.5个百分点，差不多100亿元存款可以有接近90亿元拿来放贷，增强其向中小微企业的贷款投放能力，有助于引导其以更优惠的利率向中小微企业发放贷款。

再贷款。银行系统再贷款的额度总量，最近有了较大幅度的释放，这也是货币政策上对企业贷款的进一步放松。另外，疫情期间，中小企业贷款到期了，一下子还不了钱、周转不了，把到期的资金往后移，暂时不去逼债等很重要。

——加快刺激投资方面。过去，出口市场是和私营投资紧密联系在一起的，但这次出口市场受到了重创，民营部门增加投资意愿下降，在投资上政府需要发挥主导作用。现在，政府部门已经提出了新基建项目，包括5G、云计算、人工智能等。此外，也可以投资常规的基础设施，通过建设高铁、城市间轨道交通网，构建起更多更有效率的城市群。

新基建。新基建是相对老基建而言的。老基建基本是靠政府兜底的几万亿、几十万亿元投资的项目。现在讲的新基建有个错觉，认为又是政府兜底，其实不是这么回事。

新基建的三个方面、七个行业涉及到大数据、云计算、人工智能、物联网、区块链，5G背景下的这些数字化平台建设，还包括创新工程如生物医药和新能源，包括融合工程如“大智移云”，用大数据、云计算的数据平台去改造传统的工业项目，改造传统的交通项目，改造传统的城市基础项目，这样就把传统的基础设施升级为智能化的交通、智能化的城市基础设施等等。这些项目你可以框出来，十万亿元、二十万亿元的规模都有，这就是新基建。

新基建虽然冠以“基建”的名字，但并不是一般意义上理解的传统基建概念。新基建跟互联网经济、数字经济联系在一起，是促进中国数字化转型的重要举措，因此其组织模式不同于老基建，并不需要政府大量投资，只要政府政策得力，新基建的几十万亿元投入会有大量企业愿意参与。而新基建投资回报也是立竿见影的。比如一个数据中心一旦投入运营，就可以带来效益，所以企业更愿意参与。

*——改善发展环境方面。*进一步放松管制，降低市场准入门槛，激发市场活力。放松各行各业的市场准入限制，鼓励民营企业进入各行各业；加快国有企业的市场化改革，实行所有制中性，让包括外资企业、民营企业在内的各类市场主体享受平等待遇，进行公平竞争；在农村实行土地产权制度改革，加强农村基础设施建设，尤其是信息网络建设，激活农村投资；加强依法治国，规范政府行为，提高政府行为的透明度、公正性、可预见性，降低企业经营的风险；进一步加大对外开放，营造良好的国际环境。

出口转内销。2019年我国货物贸易进出口总值达4万多亿美元，现在国外大量的订单丢了，需要出口转内销。尽量把出口商品内部消化掉，国内有潜力消化。这个消化的过程不是放在仓库里调头寸，它涉及制造企业、市场订单、标准、消费偏好的相应调整，且这一调整十分必要。

社会救助。启动对可能要倒闭的企业或者要裁员的企业，进行社会救助或社会补助。在这方面能复工的尽量复工，达不了产的尽量保留员工，保不住了如果有下岗，就需要一系列稳就业的措施。

与此同时，2020年5月4日，国务院金融委召开了第二十八次会议，提出要金融“刀刃向内”，加快金融内部的自身改革。把改革和发展有机结合起来，立足服务基层和中小微企业，在充实资本的同时，解决好中小银行在业务定位、公司治理、信贷成本等方面的突出问题，推动治理结构与业务发展良性循环。

看来，唯有永葆金融良心，才能砥砺实体恒心。当前疫情影响与经济下行压力叠加，经济发展面临的挑战仍是前所未有。现在，全球主要经济体为对冲疫情影响实行扩张性宏观政策，而我们强调“积极的财政政策要更加积极有为”，基于这样的大背景，在后疫情下我们大声呼唤，金融必须服务到实体最需要的地方，这是金融良心的根本所在。

006 “新基建”：让投资穿新鞋走远方

“新基建”是为疫情后中国经济恢复打下的一针强心剂，更是未雨绸缪为未来中国发展铺下的一条路。是以新发展理念为引领，以技术创新为驱动，以信息网络为基础，面向高质量发展需要，提供数字转型、智能升级、融合创新等服务的基础设施体系。要用改革创新的方式推动新一轮基础设施建设，而不是简单重走老路，是要穿新鞋走远方。

2020年3月4日，中央政治局常务委员会召开会议，研究当前新冠肺炎疫情防控和稳定经济社会运行重点工作，明确要加快5G网络、数据中心等新型基础设施建设进度。多个省份陆续发布的2020年一系列重大投资项目中，新型基础设施项目占据了相当的比重。

此时此刻，为何要突出加快推进“新基建”?

这时我们需要尽快集中关注将要发生什么，而不是什么时候发生。或许，这件事一开始谁都没有留意，许多人还以为这是网络造就的一个新名词。

当你静下心来，深入思考，这才发现“新基建”还真的是一个实实在在的东西，需要真金白银投资下去，才会结出经济增长与发展的硕果。

人们不免要问：什么是“新基建”?

应该说“新基建”是相对于老基建而言的。基建这个概念源自第二次工业革命时期的法国，《剑桥词典》给了这样的定位，即一个国家或组织赖以高效运作的基础系统和服务。

在工业化的初中期，以水、电、路、气、城、文教、医疗等为最典型的基础设施建设。这个时候，经济增长主要是依靠投资、消费和出口“三驾马车”拉动。

从我国过去若干年的实际情况来看，基建投资一方面显著改善了多年的制约短板，对优化经济发展环境发挥了积极作用；另一方面在扩大内需、稳增长、稳就业等方面有着很强的拉动作用。

步入工业化的中后期，我国正处在加快转变发展方式、优化经济结构、转换增长动力的攻关期，结构性、体制性、周期性问题相互交织，“三期叠加”影响持续深化，特别是当前受国内外复杂因素及新冠肺炎疫情的影响，我国经济的下行压力在加大。

发挥投资在经济增长中的关键作用，不可能再用过去依靠投资刺激经济增长的办法，必须要有新的思路和举措。从另一个角度看，中国经济要加快推动传统产业转型升级，不断壮大新兴产业，打造经济发展新动能，离不开信息化、智能化、数字化的强力支撑。

事实上，中央对于“新基建”的谋划布局早已展开。

2018年10月10日，习近平总书记在主持召开中央财经委员会第三次会议时，特别强调要针对关键领域和薄弱环节，推动建设若干重点工程。这个重点工程是什么？我的理解，这就是“新基建”的一个雏形。

正如2020年2月11日，“学习强国”推送了我写的《靠什么样的投融资行稳致远》一文，此文开宗明义就提出一个观点，即一个国家经济能否长期增长取决于三大因素：物质资本的积累，就是投资；人力资本的积累，就是教育；还有就是科学技术进步。

在这样的情况下，“新基建”应运而生。2018年12月19日的中央经济工作会议上，重新定义了基础设施建设，把5G、人工智能、工业互联网、物联网定义为“新型基础设施建设”，简称“新基建”。

随后“加强新一代信息基础设施建设”被列入2019年政府工作报告。直到2020年举国上下密集发声……

2020年4月20日，国家发改委在新闻发布会上给“新基建”一个最权威的解释，认为，“新基建”（新型基础设施）是以新发展理念为引领，以技术创新为驱动，以信息网络为基础，面向高质量发展需要，提供数字转型、智能升级、融合创新等服务的基础设施体系。

说到这里，人们又会要问：这个“新基建”究竟新在何处?

这让我想起一句话，正确的前进方向从来都不是清晰可见的，否则这条路早就挤得人山人海动弹不得了。“新基建”相比之前的传统基建，我们会发现：

从信息基础设施看，新型基础设施建设内涵更加丰富，涵盖范围更广，更能体现数字经济特征，能够更好地推动中国经济转型升级。

从这一角度说，“新基建”主要是指基于新一代信息技术演化生成的基础设施，比如，以5G、物联网、工业互联网、卫星互联网为代表的通信网络基础设施，以人工智能、云计算、区块链等为代表的新技术基础设施，以数据中心、智能计算中心为代表的算力基础设施等。

从融合基础设施看，新型基础设施建设既是基建，更是新兴产业，产业转型升级的新方向更突出，无论是人工智能还是物联网，都体现出加快推进产业高端化发展的大趋势。

从这一角度说，“新基建”主要是指深度应用互联网、大数据、人工智能等技术，支撑传统基础设施转型升级，进而形成的融合基础设施，比如，智能交通基础设施、智慧能源基础设施等。

从创新基础设施看，新型基础设施建设立足于科技端的基建，其背后更数字化、更智能化，更多是轻资产、高科技含量、高附加值的发展模式，其涉及的领域基本都是中国经济未来发展的短板。

从这一角度说，“新基建”主要是指支撑科学研究、技术开发、产品研制的具有公益属性的基础设施，比如，重大科技基础设施、科教基础设施、产业技术创新基础设施等。

你看看，新型基础设施建设是不是更加令人期待?

不过，有人算了一笔账。目前存量PPP项目总投资规模大概17.6万亿元，其中铁路公路基建约7.1万亿元，占比接近41%。

而“新基建”项目在这17多万亿元PPP项目库中，不足1000亿元，占比只有0.5%。类“新基建”项目，如园区开发、垃圾发电等，在PPP项目库中大约2.6万亿元，占比14.7%左右。两者加总占整个PPP项目库的15%左右。

因此得出了“当前‘新基建’规模太小、意义有限”的结论。

我觉得不能这么算账。在20世纪90年代初，互联网是个啥都很少有人知道。而到了今天，数字经济对GDP的贡献已经接近四成。

尽管现今规模或许有限，但它所蕴含的拉动效应具有巨大的想象空间。拿5G来说，有数据显示，预计到2026年我国5G基础建设投资规模将达到1.15万亿元，其中2020年需新增的投资额约为2300亿元。与此同时，5G还将通过产业间的关联和波及效应，间接带动国民经济各行业。

基建通常被认为是“稳投资”的重要方面。随着数字时代的到来，基建的内涵已经发生了彻底改变。我非常赞同我的老领导，国务院参事、国家发改委原副主任徐宪平的判断：“新基建”将推动经济新旧动能转换，并带来一定投资拉动效应。按照标准公募REITs产品发行，大概能盘活4万亿元到12万亿元的资本金，也就意味着可以带动20万亿元到40万亿元的直接投资。

照此，相关机构测算出来，单单2020年，我国5G投资规模将近3000亿元、特高压投资规模超600亿元、轨道交通投资规模在5000亿元左右、充电桩投资规模100亿元、数据中心投资规模约1000亿元、人工智能投资规模约350亿元。

更重要的是，“新基建”领域的投资刚刚“破题”，未来仍然蕴藏着巨大的拓展空间。

这么一说，业内又有人士担心，“新基建”是不是“强刺激”？

事实上，经过多年发展，我国经济格局已经发生了重大变化。目前，我国GDP总量已经逼近100万亿元，内需特别是消费对于稳定经济运行的“压舱石”作用更加明显。如此庞大的经济总量，单靠投资拉动和刺激经济增长已经不切实际，还需要更多消费的持续发力。

没错，传统基建的边际效用和收益在递减，而“新基建”以技术创新为底色，既可短期创造就业和增长，也可促进结构转型升级，带动经济的中长期健康发展。

这么一看，这个时候“新基建”不挺身而出，还有谁呢?

“良剑期乎断，不期乎镆铘；良马期乎千里，不期乎骥骜。”

站在全球金融危机的边缘，疫情全球大流行只是导火索，根源是货币长期超发下的全球经济金融社会脆弱性。自2008年国际金融危机至今，12年过去了，美国和欧洲主要靠量化宽松和超低利率，导致资产价格泡沫、债务杠杆上升、居民财富差距拉大、社会撕裂、政治极化、贸易保护主义盛行。

从金融周期的角度，这可能是一次总的清算，该来的迟早会来。因此，这一次应对要以货币政策为辅、财政政策为主，财政政策又应以新基建和减税为主，具有很强的带动效应、放大效应和乘数效应。

尤其是当前疫情全球大流行对经济发展的冲击显而易见，2020年一季度GDP出现40年来未有的负增长。要想尽快降低疫情对经济的负面影响，推动经济恢复正常轨道，需要通过狠抓以“新基建”为代表的领域，给予总需求一个回弹力，进而通过需求端的率先复苏，带动生产端走出困局。

更要看到，随着疫情开始全球蔓延，我国面临的外部环境压力有可能进一步加大，外需增长有可能遇到更多困难。在这样的背景下，更要依靠内需发力，推动经济平稳发展。

首先，“新基建”是实现防疫和经济发展“两手都要硬”的重要抓手。“新基建”能够催生长期性、大规模的投资需求，创造新的经济增长点，有效弥补疫情造成的投资缺口，在稳增长、稳就业等方面发挥显著的即期效应，为加快经济复苏、实现全年目标起到重要的支撑作用。

其次，“新基建”是加快产业升级的强劲动能。“新基建”既是新业态、新技术的组成部分，也是传统产业转型升级的有力引擎；既是实现“内需补外需”的现实之策，也是夯实经济行稳致远根基的长久之计。我国正处于加快培育经济新动能的关键阶段，加快“新基建”将有助于推动“产业数字化”和“数字产业化”，进一步提升我国产业链能级和发展水平。

再次，“新基建”是推动创新发展的重大机遇。“新基建”是“基础设施”内涵概念的革新，它既保有稳增长的传统属性，又增添了新消费、新制造、新服务的创新属性，具有鲜明的科技特征和创新指向。要把“新基建”与创新名城建设全面衔接、有机融合，加快构建契合创新发展要求的新型基础设施体系，最大程度发挥科技创新与“新基建”之间的乘数效应。

*还有，“新基建”是提升治理能力的重要途径。*伴随着我国经济总量、产业规模不断扩大，对城市精准治理、精准服务的要求日益迫切。数字基建的赋能，将进一步拓展应用服务，有助于政府把公共服务高效地“精准滴灌”到企业和群众手中。

只有当潮水退去，才会知道谁在裸泳。面对当前疫情全球大流行、国际金融海啸、贸易摩擦、转型升级等重大挑战，我们旗帜鲜明地倡导“新基建”，引发了社会各界大论战，资本市场反响强烈，这是市场和投资者在投我们的票。

党的十八大以来，我国新型基础设施建设取得了明显成效，对高质量发展的支撑作用正在加快释放。从信息基础设施看，取得跨越式发展和进步，高速光纤已覆盖全国所有城市、乡镇以及99%以上的行政村，4G网络用户超过12亿。从融合基础设施看，助推转型升级的作用日益凸显，智慧城市建设路径更加清晰，信息技术积极赋能城市精细化管理。从创新基础设施看，有力支撑了科学技术研究，国家发改委已布局建设55个国家重大科技基础设施，在科技创新和经济发展中发挥了引领作用。

中国经济正由高速增长阶段转向高质量发展阶段，新时代需要“新基建”。从需求侧，“新基建”有助于稳增长和稳就业，服务于消费升级，更好地满足人民对美好生活的需要。从供给侧，“新基建”为中国创新发展，特别是抢占全球科技创新制高点创造基础条件。

如果在竞争中，你输了，那么你输在时间；反之，你赢了，也赢在时间。可见机遇稍纵即逝。抓住了，就能乘势而上；抓不住，就可能错过发展时机。

2020年3月23日，国务院联防联控机制就深化“放管服”改革、推进“互联网+”行动、促进“双创”支持扩大就业等有关情况举行新闻发布会。会上再提热词“新基建”，表示要加强包括5G、数据中心、工业互联网等新型基础设施建设。多位专家表示，本次“新基建”投资重点领域在5G、轨道交通，累计投资超7000亿元。

请注意，今天的投资者不是从昨天的增长中获利的。我们要把好事办好，真正起到惠民生、稳增长、补短板、调结构、促创新的重大作用，防止“新瓶装旧酒”“重走老路”，避免沦为又一次纯粹货币超发的饮鸩止渴。一方面要尊重市场规律、经济规律，一切从实际出发，完善好制度与服务；另一方面又要避免走传统基础设施建设走过的弯路，特别是破除“政府包办”，避免“一哄而上”、产能过剩等问题。

*——抓“新基建”项目牵引。*要进一步强化新型基础设施建设的规划指导，完善政策环境，创新相关体制机制，支持构建多元化的示范和应用场景，加强前瞻性、引导性的技术研发和创新，夯实发展基础。具体

地说：

一要加强规划引领，完善“新基建”的顶层设计，突出与“一室一中心”、新型研发机构建设的统筹谋划、有机对接，并纳入“十四五”规划中统筹考虑，编制好相关规划。二要加强项目梳理，建立“新基建”及关联产业项目库。三要严把“项目关”，在前期工作的基础上进一步做好细致梳理，确保项目质量和可行性。四要加大推进力度。对重大项目计划，要做好要素保障、加快建设进度，力争早日形成实物工作量；对其他较为成熟的项目，要提前做好前期工作，力争率先布局、尽早启动。

——抓“新基建”产业带动。就是要做好综合平衡和衔接协调，加强资源整合和共建共享，促进协同融合，提高资源要素配置效率。这样，“新基建”的效用才能更好释放，更大程度地推动经济社会高质量发展。这就要求我们：

一要聚焦产业主攻方向，“新基建”不是“广撒网、乱投资”，一定要加强资源整合，提高资源配置效率，大力推动“新基建”与主导产业、地标产业融合发展，持续增强产业比较优势。要攻坚产业核心技术。二要鼓励引导上下游企业、高校院所加强对核心基础零部件、关键基础材料、先进基础工艺的联合攻关，进一步提升“新基建”领域关键核心技术的源头供给能力。三要加快成果转化运用，提供更加个性化的政策支持，加强“新基建”领域科技成果转移转化，不断加速新技术的应用、新模式的孵化、新业态的涌现。

——抓“新基建”政企协同。当前不少企业转型中确实存在一些问题和挑战，特别是对广大中小微企业来讲，有的还面临“转型是找死、不转型是等死”的困境。国家发改委创新和高技术发展司司长伍浩分析认为，当前主要存在三个问题：转型能力不够——“不会转”，转型成本偏高——“不能转”，转型阵痛期比较长——“不敢转”。

针对不少企业转型中存在的问题和挑战，国家发改委按照党中央、国务院决策部署，研究制定了“互联网＋”和数字经济发展等一系列政策，下一步要按照问题导向、目标导向、结果导向，从三个方面发力，促进企业的数字化转型。政府方面，要发挥好政策引导作用，整合好资源要素；企业方面，要驱动技术创新、密织应用体系，政企各有分工、发挥所长，共同培植“新基建”土壤。

——抓“新基建”招引推介。向云“迁徙”，实现零售转型；数字“赋能”，提升制造效率；精细饲养，确保农牧质量；智慧管理，破解“大城市病”……“新基建”带来的机遇，并非简单指向个别企业、某些行业，而是广泛面向经济发展的内生动力和新动能。

既然“新基建”将成为重要的招商主题之一，那么我们就要推进关联产业招商，强化“新基建”主题，各板块和相关部门要围绕“新基建”关联产业，开展宣传推介，有针对性地招强引大、补链强链，为“新基建”项目落地打造良好的产业集群支持体系。

——抓“新基建”对接争取。随着人口负增长临近，未来越来越多的地区将面临人口收缩，但城市群都市圈人口仍将持续流入。由于生育率持续低迷，出生人口数量持续下滑，中国人口总量预计将在“十四五”时期见顶，即进入人口存量博弈时代。与此同时，2019年中国城镇化率为60.6%，而发达国家平均约80%，中国还有很大空间，未来新增城镇人口将更多地向都市圈城市群集聚。所以，应当在人口流入的城市群都市圈适当超前基建，最大化经济社会效益。

我们可以理直气壮争取央企项目落地，形成一个“新基建”的洼地效应。同时，在做好现有项目推进的基础上，与中央企业建立密切联系，跟进相关规划布局和建设计划，争取更多央企资金落地生根。

——抓“新基建”要素保障。要立足当地禀赋、产业分布，考虑市场需求和本地发展实际来统筹；也要建立新机制、明确新主体，进行周密规划和科学评估；更要根据财力和债务的承受情况循序渐进推进，避免一哄而上，形成新的过剩或风险隐患。

一要强化统筹调度，健全协同推进机制，确保形成面上整体突破态势。要强化板块协调。各板块要树立“一盘棋”意识，加强沟通对接，避免出现盲目建设、重复建设甚至恶性竞争的情况。二要做好土地空间保障，结合城市规划和“新基建”相关产业布局，提前做好土地储备，为“新基建”领域留足发展空间。要加大金融资本支持，引导“新基建”项目强化与金融机构、民间资本的精准对接，为项目争取更多资金支持。要统筹考虑能耗指标，积极协调煤电油气等能源供给，优先保障“新基建”领域用能需求，对“新基建”项目建设予以倾斜支持。此外，规范推动通过PPP引入社会资本，对信息类“新基建”给予专项配套政策支持，注意科学规划和分步实施。

*——抓“新基建”市场作用。*近几年经济社会领域“疫”情频发，经济持续下行，先后遭遇2015年股灾、2018年贸易摩擦、2020年新冠肺炎疫情等重大挑战。暴露出经济社会大转型背景下，一些政策“一刀切”层层加码、误伤民企中小企业，部分领域出现改革进展缓慢、民生投入不足、科技创新短板、舆论监督缺位等问题，深层次体制机制改革的紧迫性提升。

一边主体要多元，大力深化“放管服”改革，打造最优营商环境，进一步降低民间投资准入门槛，为民间资本参与“新基建”及相关产业发展营造更加公平、更加开放的环境。一边模式要创新，加快探索商业可持续模式，既要使项目有收益、能收益，也要确保项目投资风险可控，切实保障投资主体利益。

最后提醒人们一句：当所有人都疯狂的时候，你必须保持冷静。一定意义上，“新基建”是为疫情影响下中国经济恢复打下的一针强心剂，更是未雨绸缪为未来中国发展铺下的一条路。要用改革创新的方式推动新一轮基础设施建设，而不是简单重走老路，是要穿新鞋走远方。

007 战“疫”，让金融子弹多飞一会儿

全球正处在疫情的至暗时刻，救企业就是稳就业、稳预期，也是救金融自己。因为目前不少中小企业资金链承压，处于这一非常时期，金融不可能独善其身，一定要与企业同舟共济，尤其是依赖地方经济和中小企业发展的地方金融，如果此时再不支持中小企业，就会成为压垮他们的最后一根稻草。所以，战“疫”时期，我们不妨让金融这颗子弹多飞一会儿。

当键盘敲下这个题目时，笔者心情格外沉闷。2020年3月2日《光明日报》头版发表了我写的报告文学《白衣天使在作战》，一时上了热搜。当时我并未多么激动，因为疫情一直让人闷闷不乐。

3月10日，在抗击新冠肺炎疫情的关键时刻，习近平总书记来到武汉，坐镇一线指挥部署疫情防控工作。他语重心长地说："我在路上就一直在想……在这次抗击疫情斗争中，武汉人民展现出了不怕牺牲的精神、勇于担当的精神、顾全大局的精神，还有甘于奉献的精神。这些精神都是中华民族的精神的重要体现，我们一定要好好总结、好好发扬。"这话让我们豁然开朗，为什么不带着希望去追寻更好的明天？

于是，有了疫情下的金融这个命题，主旨是"金融战士"这个时候还不能撤出阵地，得像疫情期间的白衣天使一样努力作战。因为受疫情影响，目前不少中小企业资金链承压，这一非常时期金融不可能独善其身，一定要与企业同舟共济，尤其是依赖地方经济和中小企业发展的地方金融，如果此时再不支持中小企业，资金就会成为压垮他们的最后一根稻草……

*——企业失血过多，金融急需"救死扶伤"。*本次疫情暴发在春节前，对消费影响最大。2019年春节黄金周期间，全国零售和餐饮企业实现销售额超过1万亿元。2020年春节消费大幅度减少，其中，餐饮、酒店、旅游、娱乐、交通等首当其冲，有关企业收入出现断崖式下跌。疫情

期间所积蓄的某些消费需求可能会在疫情之后释放，但像餐饮、娱乐等服务领域在此期间形成的损失可能难以弥补，即“沉没成本”；同时疫情还会冲击部分群体的消费能力。

也许病毒只是路过，却让你体会到，生命真的没有那么长。死亡，就是分分钟的事情。怎么办？2020年2月8日，浙江管理部门发出减息助企、共克时艰的要求，通过实施人民银行专项再贷款支持疫情防控重点保障企业的政策，全省2月份发放优惠贷款832笔、金额171.82亿元，支持重点企业556家，同时省级财政再给予一定贴息支持。疫情发生以来，全省财政部门已累计兑现或减免资金55.37亿元，减轻企业社会保险费负担约469亿元。

*——企业急待输血，金融急需“挽袖献血”。*由于很多企业无法按时开工，生产订单被迫取消，投资相应减少，尤其是一些外贸订单丧失，可能会带来更大损失。即便本来就产能过剩的低端制造业，延迟复工造成短时间停产，或许影响有限，但此刻手心手背都是肉。对基础设施项目来说，一些项目可能延迟开工，但疫情过后会陆续开工，不能小看对全年的影响。

疫情无情人有情。农行金华婺城支行营业中心副经理杜珊，得知金华市的物资生产企业在复工过程中出现了资金周转难题，她第一时间通过线上方式为企业制订了金融服务方案，在方案向上级行逐级汇报并获得通过后，她又全副武装独自前往网点，最终1亿元信贷资金及时发放到了客户手中。而全国金融五一劳动奖章获得者、30秒蒙眼手工点钞吉尼斯世界纪录保持者、工行温州龙湾支行客户经理卓敏静，得知几个小微商户急需资金，但苦于因疫情银行延迟上班，只能在家干着急，她第一时间启动紧急业务处理机制，以手工记账开辟绿色通道，先后为7位客户提供贷款，涉及贷款金额近2000万元。

*——实体面对传统，金融急需“改变战术”。*我们知道在传统模式下，应收账款融资须现场确权见证，手续烦琐，疫情防控期间，“低接触”的要求给传统方式增加了困难。浙商银行利用区块链技术打造应收款链平台，实现对企业特别是中小企业的线上融资“供血”。浙江天圣化纤是国内化纤龙头企业，其产品是医用无纺布的原材料。天圣化纤在疫情期间不停工、不停产，确保口罩、防护服等医用物资原材料供应充足。但企业需要采购大量的原材料进行产能扩充，日常流动资金难以满足特殊时期的生产采购需求。浙商银行绍兴分行主动联系该企业，自2020年2月6日以来，该行已为该公司发放疫情应急资金累计5亿多元，有效满足了企业疫情防控项目采购阶段性资金需求，应收款链平台全流程线上操作和资金实时到账的高效便捷服务也备受企业认可。

而从事化肥生产销售的武汉新都化工，在疫情期间响应“春耕备耕”号召有序复工复产，但受疫情影响，公司面临着采购、水电及工资等支出较大，产品销售却无法及时回款的流动性压力。浙商银行武汉分行及时伸出援手，运用该行应收款链平台，通过移动办公系统实现公司账上沉淀金融资产的在线转让，成功为企业融资4100万元，有效缓解其复工复产期间的资金周转困难。

以上均以浙江金融企业为例，恕我因疫情之故多就近取材。相信自古以来都是，锦上添花易，雪中送炭难，灾难面前，最能见人心、辨善恶。大敌当前，随着国内疫情形势总体平稳并持续向好，企业复工复产加速，各项应对政策跟进，尤其金融政策更加需要应对有力，让失血的企业尽快得到输血……不过，安全顺利地实现全面复工最为关键，可能比任何的财政和货币刺激政策都更为重要。

只是谁都没有想到疫情对全球经济冲击来得如此凶猛。2020年3月3日，美联储降息是标志性事件，标志着新冠肺炎疫情对全球经济的影响升级了。中国香港金管局、中国澳门金管局和加拿大央行及时追随美国下调了基准利率50个基点，马来西亚、阿联酋、英国央行也表示将采取适当行动。

3月11日，世界卫生组织（WHO）宣布新型冠状病毒疫情进入全球大流行（Global pandemic）状态，其基本定义就是疫情出现了全球或极广泛区域的传播。这样，世界将进入一个巨大的不确定性时期，而中国将面临较大的输入性风险。

这就是说，当前中国虽说已经迈过至暗时刻，全国人民为今天的成绩付出了巨大代价。但战斗并未结束，后续我国仍然面临较大的输入性风险。

世界是平的，在人类面临的传染病挑战面前，没有谁可以独善其身。2020年3月以来，真的难见国外市场如此哀鸿遍野地凄惨："熔断"成了全球股市的关键词！截至2021年3月，美国历史上股市触发熔断机制一共5次，而2020年3月份半月之内就熔断4次！3年来的涨幅悉数回吐。欧洲、亚洲、北美等地股市跟着熔断，市场恐慌情绪持续蔓延，实属罕见。

加之，过去的2018与2019两年，中美贸易摩擦导致全球供应链遭受人为破坏。如果疫情在全球进一步蔓延，则可能让供应链雪上加霜。所以，从短期来看，新冠肺炎疫情是全球金融市场波动的诱因。我国金融市场之所以能够顶住压力，是因为在应对疫情上，我国政府以果断有力的姿态，大规模投入人力、物力、财力，使疫情在较短时间内得到控制，并稳步好转。这场疫情防控阻击战，表现出了中国速度、中国效率、中国力量，这是短期内我国金融市场稳健运行的信心来源。从长期来看，全球金融市场的震荡不仅仅因为疫情，更源于发达经济体宽松货币政策效果减弱、市场预期转向悲观、地缘政治博弈等多重因素。这些矛盾是长期性、深层次的，非一朝一夕可以解决。

没有什么可以说的了，但愿岁月静好，但愿寒冬过后春暖花开，但愿疫情过后一切如昨日重现。这里我们必须充分认清当前形势的复杂性，增强责任感、紧迫感，要从实际出发，防止形式主义、官僚主义。2020年2月21日中央政治局召开专题会议，已经给了我们一个基本判断，就是当前中国初步呈现疫情防控形势持续向好，生产生活秩序加快恢复的态势。会议强调，要加快建立同疫情防控相适应的社会经济运行秩序，完善相关举措，巩固和拓展来之不易的良好势头，力争全国经济社会发展目标早日进入正常轨道。2020年全面建成小康社会，脱贫攻坚任务要努力完成。笔者认为，后疫情下的金融不能离场，应该坚守阵地作战。

这是润物无声的抗疫力量。我国经济具备强大韧性和长期稳定增长态势。内需已成为中国经济的“压舱石”，广阔的国内市场、巨大的消费潜力，是中国经济结构进一步优化升级、增速进一步保持稳定的动力之源，也是其他经济体难以比拟的优势。应当说，在前景不明的全球经济中，中国经济更具有稳定向好的“确定性”，这是中国金融市场颇具吸引力的根本原因。

一方面，我国是世界主要经济体中少数实施常态化货币政策的国家，政策空间仍然十分充足，政策工具箱也有足够的储备。这表明，我国货币政策不但有空间、有余力对冲疫情影响，也有能力、有信心维护金融市场稳健运行。

另一方面，我国有坚定的“改革定力”与“开放定力”，不以外界形势变化与疫情短期冲击为转移。我们看到，中国改革开放的脚步不因疫情而停滞。历时5年修订的新《证券法》如期施行，注册制全面落地，资本市场监管更严、更规范，违法成本大幅提高，投资者将受到更大程度的保护。疫情期间，政策仍表现出了重市场、调结构、稳小微的取向，这也是长期以来我国深化改革的前行路径。开放的脚步也丝毫不曾放缓，2020年，A股加速纳入明晟、富时罗素等国际指数，外资配置A股有望提速。

疫情本身就是一场大考，检验着每个人。越是危难时刻，越是重任在肩，越需要我们保持战斗状态，彻底打赢疫情阻击战。虽然全球金融市场的波动还将延续，但支撑我国金融市场稳健运行的内在逻辑和内生力量非常强大。我们将坚定不移地推进经济转型升级，坚定不移地促进经济金融良性循环，坚定不移地给予企业重心下沉的金融支持，坚定不移地优化营商环境。深化改革、扩大开放，是我国长期坚持的政策方向，不会因疫情受到影响，改革之路只会越走越宽，开放之门只会越开越大。这将使我国的市场条件和制度环境不断改善，使我国资本市场更具投资吸引力，使人民币在全球成为更具价值的资产。上述因素形成合力，将保障我国金融市场长期稳健运行，成长为更有秩序、更具价值、更富魅力的投资市场。

“苟利国家生死以，岂因祸福避趋之。”相信只要我们有充足的“弹药”，后疫情时期，就有可能让金融这颗“子弹”多飞一会儿，是不是？

*——快速打通实体企业堵点难点，就是要尽快解决供给侧的供应链中断问题。*如前文所说，从某种程度上看，安全顺利地实现全面复工最为关键，比任何的财政和货币刺激政策都更为重要。毕竟，实体经济是金融发展的根基，脱离实体经济的支撑，金融就会成为无源之水、无本之木；金融则是实体经济的血脉，没有金融“血液”的滋养，实体经济就会死气沉沉、了无生机。只有金融与实体经济相辅相成、互促共进，国民经济才能持续健康发展。

“体强人欺病，体弱病欺人。”当务之急要采取点对点措施，尽快返岗复工，做好员工吃、住、行、车间管理等环节防疫工作。上下游产供销、大中小企业整体配套协同，提高复工的整体效率。同时把疫情防控和扩大内需结合起来，把被抑制、被冻结的消费需求释放出来，把在疫情防控中催生的一些新的升级类消费培育壮大起来。同时要选好投资项目，加强用地、用能、资金等政策配套，加快推进国家规划已明确的重大工程和基建项目，加大公共卫生服务、应急物资保障领域投入，加快5G网络数据中心等新型基础设施建设，调动民间投资积极性。

*——抓紧为实体企业补血，就是要尽快解决总需求不足的问题。*随着生产经营秩序基本恢复，总需求不足的问题将会凸显出来。如有的企业家“没复工睡不着，复工了更睡不着”。因为产业链还没完全恢复，或者新订单不知在哪里，感到经营压力比较大。金融虽然难以帮企业解决所有问题，但在大疫面前，在不可抗力面前，将切实急企业所急，不仅关注大中企业，也贴近小微企业和个体工商户，围绕畅通经济循环，进一步狠抓政策补缺和政策落地，努力同广大企业一起挺过难关，共同迎来经济的全面复苏。

“路不险则无以知马之良，任不重则无以知人之德。”2020年最困难的可能是财政收支。2020年5月，李克强总理讲“要过紧日子”，也就是政府过紧日子，换取企业和老百姓过上好日子。中央还强调，要在扩大开放过程中推动复工复产，做好稳外贸、稳外资工作，稳住外贸基本盘。现在全球采取宽松货币政策，相信未来会拉动出口，因此也要看到政策调整中的新机遇，积极开拓多元化国际市场，特别要做好龙头企业复产复工保障工作，维护全球供应链，落实好外商投资法。还有就是优化营商环境、深化“放管服”改革和推进服务业对外开放。帮助外企解决好复产中的困难，抓好标志性重大外资项目落地。

*——尽快发挥实体企业造血功能，就是需要适当宽松的货币政策支撑。*鉴于疫情对全球经济影响充满不确定性，我国适当宽松的货币政策退出时点肯定要后移。对实体企业仅靠金融输血解决失血问题还不够，必须让实体企业具有自我造血功能，经济才能持续发展。而在经济发展新常态

下，创新是引领发展的第一动力。金融服务实体经济的关键在于发挥金融对实体经济创新的支持作用，培育新的经济增长点。对于创新性经济活动，金融体系的作用不仅仅在于提高其资金可得性，而且包括创造一个有效率的“试验场”，在风险可控的条件下发挥金融筛选创新的功能，并为创新成果的转化和扩散提供支持。

“临渊羡鱼，不如退而结网。”要巩固来之不易的疫情防控成果，同时保持战略定力和政策灵活性。受疫情影响，消费首当其冲，因此要发挥投资在稳增长中的关键性作用。中央和各级政府已经准备好了“子弹”，“新基建”七大领域的投资将拉动经济增长。

面对这场突如其来的新冠肺炎疫情，虽然我们付出了沉痛代价，毕竟“人在阵地在”，正是一群勇于挺身而出的人，走在我们前面扛起大旗，他们很勇敢，非常勇敢，人民谢谢你们。步入后战“疫”时期，我们不妨让金融这颗“子弹”多飞一会儿。

天佑中华，共克时艰。不过，全球正处在疫情的至暗时刻，救企业就是稳就业、稳预期，也是救金融自己，不是吗?

008　靠什么样的投融资行稳致远

在当前中国经济面临复杂多变风险挑战的背景下，对于有效投资应当从新的角度予以审视。尤其是扩大有效投资与促消费、制造过剩产能、加重政府债务的关系必须处理好。不搞“大水漫灌”，务必“精准滴灌”，稳住投融资预期，扩大有效投融资，才能既稳当下，亦启未来，它是真正推动中国经济增长的命门。

必须提醒的是，新的一年，“稳”的同时更在于“进”。在关键领域和薄弱环节进行高质量投融资，兴产业、安民生，或许更能暖民心。

中国经济是一片大海，而不是一个小池塘，经历了无数次狂风骤雨，大海依旧在那儿。多少回，记忆的时光一直在湿润的岁月里流淌；多少回，曾经刻骨铭心的事情，始终婉约在斑驳的流年里。

这是一个关于投融资的故事。

有人说，一个国家经济能否长期增长取决于三大因素：物质资本的积累，就是投资；人力资本的积累，就是教育；还有就是技术进步。

作为影响经济增长的重要因素，投融资的关键作用，无疑是应对外部环境变化、保持经济平稳发展的压舱石。面对时下经济下行压力加大，可否这么说，投融资稳，经济就稳；投融资活，经济就活。

2018年10月10日，习近平总书记在主持召开中央财经委员会第三次会议时，特别强调要针对关键领域和薄弱环节，推动建设若干重点工程。这个重点工程是什么？说白了，就是我们靠什么样的投融资落地生根。

2020年来我们都在努力奔跑，我们都是追梦人。这一年有机遇也有挑战，我们一起拼搏、一起奋斗。但同时也让我们清醒起来，我国正处在转变发展方式、优化经济结构、转换增长动力的攻关期，结构性、体制性、周期性问题相互交织，“三期叠加”影响持续深化，经济下行压力加大。

正如2019年12月10日召开的中央经济工作会议明确，2020年经济工作的基调就是“全面做好‘六稳’工作”。自2018年7月面对新问题、新挑战首次提出“六稳”，到2018年底要求进一步“六稳”，再到这次会议，“六稳”已经成为自2018年下半年至今，并将延续至2020年的我国宏观调控政策一以贯之的重点。

“任尔风急浪高，我自安如磐石”，针对关键领域和薄弱环节，推动建设若干重点工程，是推动经济稳定增长的重要支撑，也是推动高质量发展的重要抓手。中央提出把稳投资作为推动经济稳定增长的重要举措之一，强调既不过度依赖投资，也不能不要投资，着力聚焦补短板扩大有效投资。

近年来的中美经贸摩擦，蓦然让我们想到在历史旷野中，有这样一个从未消失的群体。他们辗转流离，漂泊天涯，像被一根无形的丝线牵引一样，始终在路上，在寻找。

这，便是游子。

此刻，当我翻开岁月的卷册时，恰好与他们不期而遇。“谁言寸草心，报得三春晖。”这是唐朝诗人孟郊《游子吟》中的名句，千百年来为无数海内外游子所传唱。2019年12月6日，浙江德清举办了第十届游子文化节。当然，我心里也犯嘀咕——这个时期，搞这种活动能奏效吗?

作为孟郊故里的德清，自首次提出“游子文化”的概念以来，来自国内的众多专家学者、知名作家、艺术家聚集德清，一致认为游子文化应该成为中华民族优秀传统文化的一份珍贵遗产。此后的游子文化节，“孟郊奖”全球华语散文大赛、赵孟頫书画节“同一首诗”全国书法名家邀请展、民间艺术大巡游、“游子情”江南龙风筝（国际）邀请赛，文化味不断加码，包括一些文化名流纷纷参与到游子文化论坛等，在国内外引起巨大反响。

文化搭台，经济唱戏。多年来，来自全国乃至全球的游子到故乡共话友谊、共叙乡愁，带来了众多的高端要素，衍生出了特色的“游子经济”，一大批项目签约落地、开工竣工，文化与经济在德清实现了良性互动，成功获批全国县域唯一的国家新一代人工智能创新发展试验区。

不过，在当前固定资产投资普遍放缓时，我更关注的是，这里究竟有多少有效投资？不待这次文化节落幕，我即进行了查证，令人惊叹不已的是，本届游子文化节共对45个项目进行现场签约，总投资609亿元。

真的，“游子经济”非常重要。在这次会上，我还遇见一群远行的游子，他们生在西安长在西安，对家乡有着深厚的感情，却因为之前的西安发展缓慢，机会不如国内北上广等大都市，所以纷纷另择他乡就业创业。

武先生的祖籍在北京，当年父母为了支援大西北来到了西安。他走到哪里都说，自己是土生土长的西安人。1987年从西安交通大学毕业后，他只身南下深圳开始在金融行业闯荡。在外创业的他，凭借自身过硬的专业本领和西商吃苦耐劳的精神，将自己的企业越做越大，深圳、香港、伦敦等国际知名城市都有武先生的企业。

以往过年回家的感受都是很平淡的，2019年父母亲说西安变化可大了，人家都来西安过年，你也回来看看。他毅然决然同意了。那晚，他走在回酒店的路上，还发生了这么一个小插曲。在拐弯过马路的时候，突然间红灯亮了，这时候进退两难的武先生正准备退回去，没想到还没开到跟前的车已经开始减速，并且停了下来，示意让行人先走。这让他很感动。

武先生虽然生活和工作在外已经30年，但现在的他对西安的发展充满了信心，决定要回西安投资，开展大规模的商业资本联合。他也想告诉那些和他一样在外发展的游子，不用纠结了，不妨回来看看，说不定也就任性得不想走了……

“2019年中国汽车市场销量持续下滑，但我们还是加大在华投资，为什么？”在中国已经生活两年多的秋山佳信盯着笔者，自问自答道，“就是因为我们的产品既能契合中国小型轻量、节能环保的需求，又能兼顾运动性能提升。”

秋山佳信早已把中国作为他的家乡，目前他已成为全球自动变速器主要生产商日本加特可（广州）自动变速箱有限公司总经理。据他介绍，加特可2007年落户广州，十几年来经过几次“扩容”，年产量已经达到120万台，“现在不是愁订单，而是超负荷运行”。

加特可（广州）公司副总经理黄光继告诉媒体记者，公司把日本最先进的技术拿到中国，设立品质技术研发中心，“这个研发中心有200多人，98%以上是中国员工。现在公司是日本、中国联动创新，从中国研发设计的产品流向世界各地”。

2019年11月，加特可在江苏张家港独资设立的中国区第二家生产基地正式投产运营，年产能预计48万台。

唐代大诗人孟郊的这首《游子吟》，已为无数海内外游子所传唱，凝聚了无数中华儿女的心，也衍生了巨大的“游子经济”效应。在这里，我之所以要唠叨着“慈母手中线，游子身上衣”，就是想以此提醒人们，在经济下行压力加大时，可否西方不亮东方亮，切忌在一棵树上吊死。

说到这里，人们会发现，抓投资就是抓后劲，就是抓未来的经济增长。在当前中国经济面临复杂多变风险挑战的背景下，对于有效投资应当从新的角度加以审视。尤其是扩大有效投资与促消费、产能过剩、加重政府债务的关系必须处理好。从游子参与招商引资、引智的活动，或许可以得出答案。

扩大有效投资与促消费矛盾吗？内需已成为拉动中国经济增长的主要引擎。以消费升级带动中国经济的转型升级，这样的场景正在到来。一段时间以来，对待投资有一种争论：焦点集中在政府稳增长、扩大总需求的措施到底是该以消费为主，还是应该侧重投资？

实际上，两者之间并不矛盾。著名经济学家林毅夫这样解释：消费是经济发展的目标，但要使消费实现持续增长，拉动经济增长的群体收入就要不断增长。要实现收入持续增长，必须提高劳动生产率水平，或者是降低交易费用，这两者都是需要投资的。在这种情况下，政府扩张需求的措施中还是要以投资为主——当然，这个投资必须是能提高劳动生产率水平，或者是能降低交易费用的投资。

扩大有效投资会导致产能过剩吗?

去产能是供给侧结构性改革的主要任务之一。国务院关于化解产能严重过剩矛盾的指导意见，曾总结了产能过剩的原因，如盲目投资、产业集中度低、要素价格扭曲等。所以，在供给侧结构性改革深化的背景下，如何看待扩投资和去产能？扩投资是要重回“投资刺激”老路吗?

财政部财政科学研究所原所长贾康认为，真正要去的不是过剩产能，而是落后产能。“一个行业里面，所有产能排列在一起靠下的那部分，在总体有过剩特征的情况下要去，在实际竞争中落后的没有过剩特征的，要有升级换代的更好的产能去替代。”显然，如果在产业升级、技术方面加强投资“补短板”，这样的投资不仅不会造成产能过剩，而且在国内形成有效的生产能力以后，还可以增加出口。

扩大有效投资会加重政府债务吗？要投资，首先碰到“钱从哪里来”的问题。当前，民间投资活力有待提高。一个突出表现是，许多符合有效投资要求的项目并不能成为热点。比如，停车位的稀缺已成为许多城市的通病。这时，投资领域需要创新发展，如果政府投资进一步引导民间投资发挥作用，就有可能双赢。也就是说，在此背景下，需要寻找一种更好的机制，使得政府必须在一些特定的领域、特定的事项上（比如维护社会公平正义、扶持弱势群体、支持某些战略性新兴产业加快发展等），发挥政府与民间投资“四两拨千斤”的作用。

随着这些问题被解决，大敌当前，下一步就是我们如何做好扩大有效的投融资。实话实说，时下从中央到地方，在深入推进改革开放的大背景下，得有一揽子硬招与实招：

*——稳投资，是投融资的基础，也是稳内需、稳经济的扛鼎之举。*内需提供中国经济强大支撑力，而投资正是内需的重要一翼。新的一年，稳投资肯定是要精准发力补短板、惠民生、增后劲，实打实地实现“有效投资”。加快地方政府债券发行力度，落实专项债新规，完善项目资本金制度，加快推进基础设施和基本公共服务领域重大项目。

2019年12月1日，西安72个稳投资重大项目集中开工，总投资额达到786亿元；在武汉，前10个月市级重大项目完成投资2563亿元，提前两个月超额完成2019年重大项目投资目标。其他省市也纷纷按下重大项目投资的“快进键”。

下一阶段需要什么样的投融资，有一点可以明了，就是要引导资金投向供需共同受益、具有乘数效应的先进制造、民生建设、基础设施短板等领域。

*——稳外资，涉及投融资的“引进来”与“走出去”，同样具有不言而喻的重要意义。*改革开放40多年来，外资已经成为我国经济的一个重要组成部分，外资企业在进出口、工业产值、税收、就业方面分别贡献了全国总量的约50%，25%，20%和10%。

特别是自2019年以来，外商投资法和优化营商环境条例出台，新设6个自由贸易试验区，新版的负面清单越缩越短。一系列扩大开放的举措，增强了外资企业深耕中国市场的意愿和信心。

从建厂动工到首批整车进入门店，从一片空地到具备制造能力的工厂，只用了10个月的时间，特斯拉在中国上海创下全世界最快整车厂建厂纪录。“上海速度”让特斯拉全球副总裁陶琳惊叹，她欣喜地发现，伴随中国营商环境的持续改善，“上海速度”正变成中国普遍速度。

2019年前10个月，我国新设立外商投资企业33407家，实际使用外资7524.1亿元，同比增长6.6%。联合国贸易和发展会议最近一期《全球投资趋势监测报告》显示，2019年上半年，中国吸引外资730亿美元，继续保持全球第二大外资流入国和外资流入最多的发展中经济体地位。

2020年必须借此机会，乘势而上，稳外资大有可为，“要降低关税总水平”，“要缩减外商投资负面清单”。开放实质性提速，不仅是贸易战的压力，更重要的是，现在开放对改善国内供给确实有帮助，更有利于“集中精力办好自己的事”。

*——稳金融，当然是做好投融资工作的根本保证，其要义在于防范化解金融风险，同时加强金融服务实体经济能力。*这就是我们一直强调的“金融活，经济活；金融稳，经济稳”。

防范化解重大风险，是决胜全面建成小康社会三大攻坚战的关键任务，防范化解金融风险是其中的重点。2019年以来，金融领域防风险取得积极成效：有效稳住了宏观杠杆率；平稳有序处置高风险机构；大力整顿金融秩序；应对金融市场波动风险；补齐监管制度短板。总体看，经过一年多的集中整治，我国金融风险逐渐从高位缓释，守住了不发生系统性金融风险的底线。

在金融支持实体经济方面，金融系统流动性向实体经济传导渠道更畅通，资金供需关系更合理。2019年前三季度金融机构对实体经济发放的人民币贷款增加了13.9万亿元，比上年同期多增1.1万亿元。三季度社会融资规模等多项金融数据整体向好，正是实体经济存在较强的资金需求和金融体系服务实体经济能力增强共同作用的结果。

2020年就是要继续实施积极的财政政策，推进稳健的货币政策，不断“降低社会融资成本”，不断“增加制造业中长期融资”。中长期融资靠什么？肯定不是银行贷款，更多的要靠股权投资，PE/VC以后恐怕要多关注一些制造业，别只盯着互联网看，新经济不只是互联网。

——*稳预期，就是通过稳住投融资预期，来稳住人心。*这里稳预期的治本之策，在于坚定推进高质量发展，深化改革开放。自2018年以来，总体平稳、稳中有进的经济形势，更大规模减税降费，更优的营商环境，更公平的竞争环境，更开放的市场，这些都为企业注入了发展的信心。

世界银行最新全球营商环境报告显示，继2018年一次性跃升32位后，2019年中国营商环境全球排名再次提升15位至第31位。中国营商环境的持续改善获得国际组织和跨国公司的由衷点赞。

全国工商联调查显示，对当地经济前景的信心、本企业盈利前景的信心较高的企业占全部调查企业的比例均超过50%。税务部门调查数据显示，92.2%的纳税人认为减税降费提振了市场主体信心。外商投资法和优化营商环境条例于2020年1月1日起实施，增强了外资企业投资中国的信心。“我对中国近年来推进的包括减税、外资开放等深化改革的举措以及优化营商环境的努力表示乐观，会继续关注这些举措的执行落地。”美中贸易全国委员会副会长彭捷宁曾这样点评说。

由此可见，一旦投融资稳下来，就业问题、外贸问题都将迎刃而解。这里我非常赞同经济学人管清友的观点，这个时候我们人人都有可能成为新一年的最佳投融资者——

好的投资者，就是要抱紧核心资产，不要再试图做趋势投机，烂资产涨了也会更狠地跌回来，好资产跌了也会更狠地涨回来，所以好资产千万别离手，烂资产千万别过手。

好的企业家，就是在经济收缩周期，千万别做超过自己能力的事，否则很容易造成资金链断裂。回归本源，老老实实做主业，搞好制度建设和技术研发。如果主业确实不行了，也别强行扩张、转型，尤其不能过度加杠杆。

好的创业者，就要放下对流量、模式、估值这些新元素的狂热，扎实做好产品，积累用户，有些事情是绕不过去的，并不是每一个公司都可以上市。

好的高净值人群，就是充分利用自己的资产优势，去持有或布局一些有门槛的核心资产，以资金换资源。

好的新中产者，就是有一定资金但接触不到头部的好资产，保障资金安全是第一要务，放低收益预期，千万别乱投，尤其是看不懂的理财产品。

好的工薪阶层，就不能只埋头苦干，要多抬头看看天，产业大分化时代，要选好赛道，否则事倍功半。

一个经济体，发展动力足不足、潜力大不大、活力强不强、魅力够不够，观察角度有多个。无疑，投融资是一扇最直观的窗口，而“游子文化”已经成为感恩社会、报效故乡、沟通海外华人的一个文化品牌，吸引众多海外游子回故乡体验亲情、投资创业，并逐渐衍生出巨大的“游子经济”效应。

最后，必须提醒的是，更在于“进”。不搞“大水漫灌”，那就得追求“精准滴灌”，在关键领域和薄弱环节进行高质量投融资，兴产业、安民生，或许更能暖民心。

中国经济是一片大海，而不是一个小池塘，经历了无数次狂风骤雨，大海依旧在那儿。只有稳住投融资预期，扩大有效投融资，才能既稳当下，亦启未来，它是真正推动中国经济增长的命门。

当下问计于投，问需于融。不是吗?

009　专项债：爱你没商量

加快专项债券发行，常常会被外界误认为“突击发债”或“搞刺激”。事实上，这种大规模的专项债发行和过去大水漫灌的经济大刺激不一样，这次的“刺激”更注重提高投资效率，避免政策在执行当中打折扣。同时，国家更加高度重视控制政府债务成本，切实提高债务资金使用效率。

宋朝有句名诗，“此债岂应行处有，麯春何日寄云安”。

如果2019年要选流行语，想必“专项债”一定榜上有名。为何这么说?

看看这3日。国务院总理李克强两次在会议上提及地方政府专项债问题：2019年11月12日主持召开经济形势专家和企业家座谈会，11月14日在江西南昌主持召开部分省份经济形势和保障基本民生座谈会。

2016年11月11日，上交所成功发行交易所的首单地方政府债券——上海市政府债券。2019年11月有数据统计显示，上交所地方债发行地区已涵盖全国32个省市，发行规模快速增长，从2017年的0.88万亿元，到2018年的1.8万亿元，再到2019年1—10月实现1.92万亿元。而美国财政部2019年11月公布的数据显示，美国国债在2019年9月遭到外国持有者的大规模抛售。业内人士指出，“去美元化”浪潮下，中国债券市场亦成为海外投资者新的投资热土。

看看这3个月。习近平总书记两次在会议上提及地方政府专项债问题：2019年7月31日主持召开中央政治局会议分析上半年经济形势，2019年9月26日主持召开中央政治局常委会议专题听取了专项债工作。

“抖擞一春尘土债，悲凉万古英雄迹。”这些都向我们传递了一个信号:“专项债”这项工作很重要。

这专项债，到底是什么?

专项债在这里，特指地方政府为有一定收益的公益性项目发行的、约定一定期限内以公益性项目对应的政府性基金或专项收入还本付息的政府债券。

这些债券，往往都是土地储备专项债、收费公路专项债、棚户区改造专项债、其他类型收益与融资自求平衡专项债券等类别。对于投资而言，这些债券数目的多少会影响到房地产市场和基建领域。

债券，一般按照地方政府的资金用途与偿还资金的来源分为一般债券和专项债券，前者往往是政府用于没有收益的公益性事业发展的支出，后者一般是有收益的公益性事业支出。比如，政府在做某项事情的时候一下子没钱了，那么可以发行一般债券；政府在开展高速公路项目的时候发现没钱了，这个时候可以发行专项债券，项目专用。

这么来说，一般债券和专项债券最大的区别在于是否具有盈利性，同时是否为专门的项目做配套资金，这样我们就能理解了。

目前要加快发行地方政府专项债，就是要借助财政金融政策的搭配，金融助力地方专项债，以促进基建投资增长，避免政策在执行当中打折扣。同时，国家更加高度重视控制政府债务成本，切实提高债务资金使用效率。

莫非，“何时业债尽，面目还本来”。说到这里，人们或许要问，如此重大的事件，为什么要在2019年下半年这个时点，政府才打开这一资金“闸门”?

我想不外乎两个方面：一方面从形势看，这是党中央、国务院分析研判当前国内外经济形势作出的重大决策部署。

因为目前全球经济整体下行的态势显现，有的经济体下滑幅度较大。中美经贸摩擦影响开始加剧，对于形势的严峻性、复杂性务必要有清醒的认识。国内经济运行总体平稳，但还存在着许多不确定因素。

稳中求进总基调，已经成为治国理政的重要原则。当务之急、重中之重，就是全面做好“六稳”（即稳就业、稳金融、稳外贸、稳外资、稳投资、稳预期）工作。可以肯定，加快做好地方政府专项债工作，也是抓好“六稳”工作的重要体现，既是积极财政政策加力提效的重要措施，也是合理扩大有效投资的关键之作。

在抗“疫”期间，我们既要实施积极的财政政策，千方百计为实体经济减税降费；又要保持财政收支在合理区间，千方百计确保合理有效投资。在这看似不可调和的矛盾中，地方政府专项债将起到支撑或润滑的作用。

另一方面，从时点看，的确有一个承上启下的倒逼。之所以2019年下半年以来加快地方政府专项债工作，与预算法有直接关系，与全国人大制度和地方人大召开的时间也有关系。

大家知道，我国新预算法第三十五条规定，地方政府债务可以在国务院确定的限额内，通过发行地方政府债券的方式来筹措资金。举借债务的总规模，由国务院报全国人民代表大会，由全国人民代表大会常务委员会批准。

参照国际通行做法，按照新预算法有关规定，我国对地方政府债务余额实行限额管理。新预算法建立了“借、用、还”相统一的地方政府举债融资机制，是防范道德风险的法律保障。根据预算法的要求，地方政府债务限额是由全国人大审批。经全国人大批准的预算，非经法定程序，不得调整。各级政府、各部门、各单位的支出必须以经批准的预算为依据，未列入预算的不得支出。

每年3月初召开全国两会，3月中旬全国两会结束。而在这之前，地方两会陆续召开。根据预算法的要求，为避免举债行为“基数化”，地方两会不能编列债务预算，依法需要等到全国人大预算审批之后，再作预算调整。

因此地方两会申报预算调整最快也要3月底，或者顺延到5月份（按照人大常委会会议制度规定，人大常委会每两个月召开一次）。地方财政部门得到批复后，一般会在5月份发债，或稍微推迟一点到6月份。现在看，这个时间差的问题必须解决。

2020年要全面建成小康社会，实现国内生产总值和城乡居民人均收入比2010年翻一番的目标，完成党中央、国务院确定的脱贫攻坚任务，“十三五”规划确定的经济社会发展目标也要画句号。2020年作为收官之年，需要发挥地方政府专项债的作用，进一步提高资金使用效率，增强对有效投资的拉动作用，成为推动高质量发展的强大动力。

“书往得奇报，已恐责留债”，对不对？当然，我们在工作中，也不排斥有人会误解。如有的人觉得，现在中国经济处境与2008年出台的“4万亿刺激计划”的情况有些相似，担忧政府是否再来一次货币放水，通过基建大跃进，再搞一次经济大刺激？

这无疑是对专项债的一种误会。2019年国内外多种因素叠加，加快我国的专项债券发行，常常会被外界误认为“突击发债”或“搞刺激”。事实上，这种大规模的专项债发行和过去大水漫灌的经济大刺激不一样，这次的“刺激”更注重提高投资效率。

为什么有人对地方政府专项债会有这样的误判，说到底就是忘记了“专项债”的初心是什么。

估计还有人会说，一边国家要下决心降低地方债务风险，一边又倒逼地方举债，这势必成了财政刺激的另一种翻版。

显然，这混淆了发展与风险的关系。不可否认，近年来，我国政府一直致力于打造从债务限额管理、预算管理、风险评估和预警，到风险事件应急处置、债务违约分类处置、完善监督体系等“全链条”地方债风险管理。“堵后门”剥离融资平台公司政府融资职能、坚决制止地方政府变相举债融资。

国家为什么要下大力气堵住各种不规范的融资?

因为，这种不规范融资本身就是违反法律的，法律规定地方政府举债只能发行地方政府债券，而且这些不规范的融资不透明，成本高。

这些不透明，最大的问题是会带来风险，风险都是来自不确定性，债权人和债务人都不确定。即便某一个地方能够明确债权人和债务人，但就全国范围来看，迟早会带来连锁反应。为此，我国政策采用“开前门”“堵后门”，构建规范的地方政府举债融资机制，按照法律要求公开透明地发债。

可见，不是财政部门逼着地方举债，而是加快预算执行的一个结果，对既定预算来讲就是加快预算支出，对债务资金来讲就是发债。所以，不能把非法和合法行为混淆，完全不让地方政府举债，既不符合代际公平原则，也不现实。何况，从地方政府债务风险的角度看，目前基本可控。现在风险难控的是地方政府违法违规或变相举借的隐性债务。

一句话，在法定专项债务限额内，试点发行项目收益专项债券既与现行地方政府债务限额管理、预算管理政策高度衔接，又在规模管理、项目要求、发行方式、信息披露方面具有鲜明的特点，从规范地方举债行为的角度来看，其实有非常积极的意义。

“尚有江湖债，终无世俗愁。”弄清了这些是是非非，下一步专项债就得尽快形成实务工作量，逐步把这些项目落实到位。因为发行过程中，中央政府或者有关部门已经考虑到地方债务承受能力。地方政府债务有分类管理，债务水平高一点的地方，发行额度可能小一点，偿债能力更好、经济发展潜力更大、发展水平更好、项目盈利前景更好的地方，专项债发行的额度可能就更高一些。专项债的发行，目的就是希望更好地带动民间资本一起做好基础建设。

——进一步提高站位，地方政府专项债券不是临时动议，是国家长久之议。

目前，地方政府专项债券已经成为地方政府重要的融资手段，2019年前三季度，地方政府专项债券余额为9.43万亿元，同比增长31.4%；地方政府专项债券净融资2.17万亿元，同比增加4704亿元。这里专项债券融资主体为省级人民政府，属于地方政府债务。

2014年修订的预算法明确规定，发行地方政府债券是地方政府举借债务的唯一合法形式。2015年财政部印发《地方政府专项债券发行管理暂行办法》，推出专项债券，随后专项债券政策快速完善，形成了土地储备、收费公路、棚户区改造、其他（项目收益与融资自求平衡）四大类专项债券。

自2018年以来，专项债券政策支持力度进一步加码。2018年底，全国人大常委会授权国务院提前下达了地方政府新增债务限额；2019年6月，《关于做好地方政府专项债券发行及项目配套融资工作的通知》从支持做好专项债券项目融资工作、进一步完善专项债券管理和配套措施、依法合规推进重大公益性项目融资、加强组织保障等方面，提出了相关工作要求，明确允许将专项债券作为符合条件的重大项目资本金。2019年9月4日，国务院常务会议对专项债券发行工作做了重要部署，并明确将提前下达2020年专项债额度。2019年9月6日，财政部明确将专项债资金可作为项目资本金的领域从4个扩展到10个。

2019年财政部门又公布了《关于做好地方政府专项债券发行工作的意见》，要求加快专项债券发行进度，各地至9月底累计完成新增专项债券发行比例原则上不得低于80%，剩余的发行额度应当主要放在10月份发行。

——进一步明确资金跟着项目走，以项目为导向，兼顾各地负债情况，尽快形成实物工作量。

“只今欲致贤劳谢，诗债徒能准数还。”据国家统计局最新数据显示，2019年前9个月基础设施投资（不含电力、热力、燃气及水生产和供应业）同比增长4.5%。而此前的8月、7月基础设施投资同比增速分别为4.2%和3.8%。基础设施投资增速逐步回升，加大专项债发行效果已经显现。

公开数据显示，截至2019年9月30日，全国31个省（区、市）和5个计划单列市总计已发行债券规模为41822亿元。其中，一般债券16676亿元，专项债券25146亿元；从债券用途来看，新增债券30438亿元，再融资债券10192亿元，置换债券1192亿元。

2019年9月4日召开的国务院常务会议要求，精准施策加大力度做好“六稳”工作，并确定加快地方政府专项债券发行使用的措施，带动有效投资支持补短板、扩内需。这次提前下达专项债券，采取了特殊的分配机制。过去是因素法分配，具体项目由地方自行确定，即资金跟着项目走，以项目为导向，兼顾各地负债情况，适当向中西部地区倾斜。

——进一步加强专项债券管理，在提升专项债券积极作用的同时，也要压实偿债责任，加强风险防范。

“主人真好事，诗债数能偿。”据汇总，自2015年新预算法实施以来，地方政府专项债券发行规模快速增加，2019年安排2.15万亿元，为4年前的21倍多，力度非常大。在“前门”越开越大的情况下，如何完善专项债券偿债机制，有效防范风险，成为专项债券管理中关键而迫切的现实问题。

按照现行制度规定，专项债券要通过项目对应的政府性基金收入和专项收入偿还。从总量看，2018年地方政府性基金收入为7.1万亿元，而同期的专项债务余额为7.4万亿元，超过收入规模；从结构看，能够作为专项债券偿还来源的地方政府性基金收入中，土地出让收入占91%左右。在当前去杠杆和房地产调控等政策背景下，专项债券偿债来源单一、规模不足等问题突出，偿债压力逐步加大。特别是自2019年以来，中央允许将专项债券作为符合条件的重大项目资本金，范围也由最初的4个领域扩大到10个，这对风险防范提出了更高的要求。

防控专项债券风险的重要指标是债务率，分子是专项债券债务余额，分母则是地方政府性基金预算，在分子较大幅度增加的情况下，只有分母相应扩大，风险水平才能保持相对稳定或缓解。因此，如何扩大专项债券的偿债来源，完善专项债券偿债机制，成为确保中央提出的地方政府债务风险防控底线不动摇的客观要求。

举债和偿债能力相匹配是市场经济必须遵循的规律和法则，是契约精神的重要体现，在法律层面也有明确规定。2014年修订的预算法明确规定，“政府举债必须有偿还计划和稳定的偿还资金来源”。政府作为社会信用的引领者和经济秩序的维护者，必须大力践行契约精神，维护法律权威和政府信用，绝不能够搞“庞氏骗局”之类的把戏。

党中央、国务院高度重视地方政府债务的风险防控，并提出严格要求，财政部也把“两个遵循”“一个敬畏”，即遵循经济规律、遵循市场规律、敬畏法治精神作为制度设计的原则，加快构建并不断完善地方政府专项债券管理机制，确保实现法定限额内政府债务不出现任何风险的目标，其中对于偿债责任、偿债资金来源及偿还方式等都作出了明确规定，努力实现制度设计的科学性和债务管理的可持续性。

针对当前我国地方政府专项债券偿还面临的现状和问题，通过从宏观到微观、政策到实践、理论到实务的不同视角，对完善我国地方政府专项债券偿债机制提出了新的要求。

要从宏观层面为专项债券的可持续发展拓展新的空间和领域。在坚持举债规模和偿债能力相匹配的前提下，专项债券的发行和使用范围上，更好地与国家的区域均衡发展、以城市群及都市圈为重要特征的城镇化战略相结合；在符合专项债券发行和风险管控条件的前提下，使用方向上更多地向乡村振兴、水利和交通运输等涉及国计民生的重要领域和重大项目倾斜。这将有助于优化专项债券的区域结构，为充实拓展债券偿还资金的来源打下更加良好的基础。

对于完善专项债券偿还机制，要从健全专项债券项目收益机制、使用者付费机制、建立偿债准备金、合理有效归集各类专项收入、用好政府补助资金、专项债券项目收入实现后的赎回、降低专项债券使用成本等方面进行具体思考。

在专项债券管理方面，要从提高资源配置效率、压实偿债主体责任、增强金融机构和中介机构正向激励等方面，逐一抓好落实。

同时，要推动地方政府债券市场高质量发展，就要全面落实积极财政政策，防范化解地方政府隐性债务风险，为加大逆周期调节力度提供强有力的支撑，在稳投资、扩内需、补短板方面发挥积极作用。

加快专项债发行使用工作意义重大，这是时下中国最积极的财政政策，当务之急是把专项债发行使用这件大事办好，更好地发挥有效投资的拉动作用。

我们定能“奔走经年债，襟怀一味清”。

010 区块链，未来已来

区块链不是手段，属于信息技术革命。区块链不是实体，但可以为实体赋能。区块链不是融资工具，但可以成为产学研融合体。区块链不是全新技术，属于一种组合型技术。市场经济“看不见的手”，也是通过市场机制实现了人类社会的分工协作。在此基础上，区块链技术将极大拓展人类协作的广度和深度。相信区块链，未来已来，日生不殆。

莫不是“杭儿风”？

当2019年10月24日浙大教授陈纯登上中共中央政治局第十八次集体学习讲台，讲解区块链，这个新杭州人一夜成了“网红”。其实，关于区块链，我这个老杭州人在2019年初《中国发展观察》杂志刊发的《金融科技的底线思维》一文中，就推断：

“近年来，人工智能、区块链、云计算、大数据等技术的兴起，正深刻地改变金融业态。像区块链技术，在金融领域的应用尚处于初步阶段，离大规模商用还有一定距离，但在供应链金融、跨境支付、资产证券化等部分业务场景已开始从概念验证逐步迈向生产实践。”

这么说，倒不是我有什么过人之处。只想告诉人们，区块链不是因为领导关注了，我们这才大讲特讲的。早有人说，区块链是一场新的技术革命，每个人都想在新的盈利模式中分得一杯羹，但是“真理往往掌握在少数人手中”，对于区块链技术来说也是一样，真正懂得区块链技术的人并不多，大多数人处于观望或者懵懂状态。

不瞒大家说，我与陈纯教授早在15年之前就打过交道。那时，他在浙大网新科技股份有限公司任董事长，我在省级部门服务业处当处长。为了支持他在杭州的一个新项目，我极力说服国家有关部委，给予生产性服务业引导资金支持。也许，这是他事后能顺风顺水的一次重要转折。

如今，陈纯除了中国工程院院士的身份，还是杭州趣链科技有限公司的董事长，趣链科技的背后还涉及两家上市公司。该公司成立于2016年，专注于区块链技术产品与应用解决方案。主要产品有区块链底层平台Hyperchain、数据共享与安全计算平台BitXMesh、区块链开放服务平台飞洛、供应链金融平台飞洛供应链、存证服务平台飞洛印，目前已完成中央网信办发起的区块链产品服务备案。

必须肯定的是，这次中央政治局集体学习，专门强调区块链，也为中国区块链的发展和应用打开了想象空间。

就像不久前，我随国家“人类海洋命运共同体”课题组的专家学者，来到杭州城市大脑、之江实验室（陈纯也是这里的智库专家）等新科技企业调研，对区块链技术有了更加深入的了解。

从科技层面来看，区块链涉及数学、密码学、互联网和计算机编程等很多科学技术问题。从应用视角来看，简单地说，区块链是一个分布式的共享账本和数据库，具有去中心化、不可篡改、全程留痕、可以追溯、集体维护、公开透明等特点。

通俗地说，区块链技术就是指一种全民参与记账的方式，所有的系统都有一个数据库，也就相当于一个大账本，在一定时间内如果有任何数据变化，系统内的每个人都可以来记账，系统会将最先记录的内容分发给系统内所有人进行备份，无可抵赖，因而拥有更高的安全性。正因为如此，区块链被认为是代表未来的先进技术，成为市场上最炙手可热的概念。

在这里，区块链拥有分布式数据存储、去中心化、不可篡改、可追溯等特性，它的出现真正解决了信任问题。区块链的经济核心不在技术，而在于商业逻辑的重构。其应用范畴也将超越经济领域，并有可能彻底改变人类社会的价值传递方式，为各行业提供去中心化解决方案。

确切地说，区块链3.0时代已经到来！为什么敢下这个结论，这话得从头说起。

必须承认，一开始区块链在我国，是“出师未捷身先死，长使英雄泪满襟”。为何这么说，因为当时人们常常把它与比特币混淆，弄得许多人至今一说起区块链，就像对比特币一样苦大仇深。

是的，从过去对区块链概念的敏感，到现在一百八十度的大转弯，其背后一定蕴含了诸多缘由。我觉得至少有三方面的原因：

一是人民币的数字化和国际化使然。人民币的数字化是历史必然。移动支付盛行后，纸币和银行系统就面临互联网金融的挑战。记得2017年马云呼喊“无现金日”时，蚂蚁金服还被上级有关部门约谈；而人民币国际化，则是国家“一带一路”建设和Libra热潮刺激下的双重结果。

二是社会治理效率的需要。技术的最大作用是提升效率，而庞大的社会治理体系需要技术赋能，提了近10年的“智慧城市”概念，在组织协作上需要区块链技术的加持，尤其是当下的金融体系和民生领域，亟须区块链技术的赋能。

三是实体经济与民间投资的倒逼。一边是实体企业融资难，一边是民间不敢投资，这种价值不对称长期困扰着实体经济的前进，其原因就是两者间缺少一个效率更高的信任体系。如李国庆夫妇互怼事件，很少有人关注到“李国庆带走家中1.3亿元现金”这个细节，说者无心，听者有意，虽然是自己的合法财产，但这么大体量的现金存放在家里，也在提醒我们，民间资金的流通效率亟待提高。

说到这里，我还是特别欣赏这个金秋杭州，就像那句诗所言：“山寺月中寻桂子，郡亭枕上看潮头”，不是非要往杭州脸上贴金，杭州到底有多少像趣链科技这样高含金量的区块链企业？

估计这也是创投界和众多想拥抱区块链风口的中小企业迫切想知道的。杭州区块链技术起步较早，不管是区块链的研究还是产业发展，都走在全国前列。杭州位于全国第一阵营的区块链企业，除了趣链科技，还有数秦科技、云象网络、复杂美，在全国都有一定影响。

在这里，除去金融系统中一些总部在北京和广东的以外，杭州的实力是非常不错的。2019年6月25日，准备卸任的马云在香港和一位叫Grace的菲律宾人照了一张合照，并被上传到脸书（Facebook）上。为何马云要和一位菲律宾女士合照？原来，Grace刚刚通过港版支付宝AlipayHK的区块链技术平台向菲律宾钱包Gcash付了一笔款。这个以往需要10分钟到几天的交易时长，现在只要3秒钟！而这也意味着全球首个基于区块链的电子钱包汇款服务正式上线。

这么高速的跨境付款让人不禁感叹，区块链技术真的能造福人类啊！

在这一基础上，杭州最近正式提出打造全球数字金融中心。这个冠以“全球”的新抬头足够高大上，不仅让杭州和世界金融中心拉近了距离，更让数字金融走进了人们的生活。

众所周知，数字金融是指利用互联网和当代信息技术手段与传统金融服务业态结合而成的新一代金融服务。易观智库依据产业结构将数字金融分为互联网支付、网上银行、移动支付、金融服务外包以及网上保险、基金和网上贷款等金融服务。数字金融与中国人民银行等十部委定义的“互联网金融”及金融稳定理事会定义的“金融科技”相似。

但从直观上来说，金融科技更具有技术特性，而互联网金融则更多被理解为互联网公司运作金融业务。对比来说，数字金融这个概念更加合理，所覆盖的面也更加广泛。我国数字金融起始于21世纪初的支付宝体系，但是业内一般将2013年的余额宝开张看作中国数字金融发展的开端。如今，中国数字金融已发展成为引领全球的旗帜。支付宝的蚂蚁金服，京东金融等，还有一些第三方支付平台、网络贷款、数字保险以及数字货币等诸多业务的迅猛发展已居世界前列。

不过，杭州真正做区块链技术和应用的企业不多，大概只有二三十家。为此，2018年5月8日，浙江省政府在杭州专题举行了“区块链技术及应用”学习会，正式提出贯彻数字中国、网络强国战略思想，创造条件加快推动区块链、人工智能、云计算、大数据等数字技术与实体经济、社会发展深度融合，全力实施数字经济“一号工程”，聚力打造区块链产业高地，加快建设数字浙江。

随着区块链商业化与科研加速前进，区块链商用落地场景不断丰富，蚂蚁金服、浙大网新、浙商银行、安存科技等众多浙企在助力实体经济、服务社会民生、数字经济创新等领域均有不少探索。

总部在杭州的浙商银行，用区块链在金融领域的破冰行动从中小企业应收账款开始。2017年，浙商银行推出了业内首款基于区块链技术的“应收款链平台”，通过将中小企业的应收账款“上链”为数字凭证，节省了80%的时间成本，降低了50%的融资成本。

在这个问题上，蚂蚁区块链主攻两个方向，一是解决民生痛点，二是支持实体经济。背靠阿里巴巴，蚂蚁区块链已与多个行业融合，落地超过40个应用场景。

与其他企业在各自领域探索不同，杭州万向集团投资2000亿元，携手众多创新机构，以区块链为技术驱动，以云计算、大数据、物联网、人工智能为依托，在杭州萧山建设世界第一个建立在区块链上的智慧城市万向创新聚能城，听起来更玄妙。

创新聚能城8.3平方千米土地的整体规划中，将规划若干个大型ALL（Advanced Living Lab，智能城市实践工场），建立平台，开发技术，部署和测试新算法、系统和传感器，在真实环境中与本地城市生态参与方合作互动。

或许，有了杭州这块试验田，这才有了浙江大学教授、中国工程院院士陈纯，带着足够底气为中央政治局的高层领导，就区块链问题作讲解、谈意见、提建议。

振奋人心的是这次学习会上，习近平总书记在主持学习时强调，区块链技术的集成应用在新的技术革新和产业变革中起着重要作用。我们要把区块链作为核心技术自主创新的重要突破口，明确主攻方向，加大投入力度，着力攻克一批关键核心技术，加快推动区块链技术和产业创新发展。

没错，高层的前瞻判断，让区块链走进大众视野，成为金融资本、实体经济和社会舆论共同关注点。人们不免要问，区块链的价值到底在哪里？

*——区块链不是手段，属于信息技术革命。*从2008年中本聪创造比特币开始，区块链作为比特币的底层技术逐渐被人所认知，到如今不过10余年。区块链还很“年轻”，但已经逐渐显示出巨大价值。2018年5月，习近平总书记在中国科学院第十九次院士大会、中国工程院第十四次院士大会的讲话中，就将区块链与人工智能、量子信息、移动通信、物联网等技术一道列为新一代信息技术的代表。

互联网的出现解决了信息传递难题，为人们生产生活带来巨大便捷的同时，也引领了全球性商业变革，而区块链被称为“信任机器”，区块链技术虽未曾脱离互联网技术范畴，但通过分布式账本、点对点传输、加密算法、共识机制等技术，能解决传统互联网所存在的公平、信任和价值传递等问题，逐步完成从现阶段“信息互联网”到“价值互联网”的转变。在技术研究上，中国应争取区块链技术发展主动权，大力发展国产自主可控的区块链技术平台，加速建设底层平台、业务应用等相关标准体系，积极参与国际竞争。而联盟链是中国区块链发展的重要趋势和研究热点。

*——区块链不是实体，可以为实体赋能。*正确看待区块链技术，不要将区块链技术和比特币及其他数字货币混为一谈，从技术本身理解区块链服务实体经济的价值所在，是目前全社会和全行业最应该关注的问题。虽

然区块链是比特币底层技术，数字货币也是如今区块链产业的重要应用场景之一，但这并不意味着区块链只能服务数字货币，更不能简单地强行将区块链与数字货币绑定在一起。此前区块链在普通民众心目中一直与炒币、非法集资等负面词汇联系在一起，存在被污名化的问题。

谈到区块链的产业应用，中国和西方经历了两种不同的路径。在西方，区块链源自比特币这一金融创新而后向其他行业渗透，“基本上是由金融创新拉动的”；在我国，区块链对各行各业的赋能效用在一开始就十分显著，并不依赖金融行业的带动。必须肯定，服务实体经济是区块链3.0的重要特征。区块链技术应用已延伸到数字金融、物联网、智能制造、供应链管理、数字资产交易等多个领域。

*——区块链不是融资工具，可以成为产学研融合体。*迄今为止，区块链领域公认的“杀手级应用”仍然是比特币和以太坊等局限于纯虚拟经济体系的加密货币，现实社会中解决实际需求的区块链系统虽为数众多、百花齐放，但均是小规模探索和尝试。区块链技术的发展，尤其在脱虚向实、服务实体经济上仍处于初期阶段。这在区块链企业的融资表现上尤为明显。

要充分认识区块链技术的核心价值，积极探索和拓展技术落地，重点分析区块链技术能够解决的业务痛点以及在不同场景下的适用度，共同建设更加完善的产业应用生态，努力使区块链成为数字经济发展的新动能和社会信用体系的重要支撑技术。在项目类别上，区块链底层技术开发、区块链+、文娱社交等应用场景开始受到资本市场青睐，数字货币及数字货币交易平台热度衰减，说明投资者更加理性，整个产业逐渐进入早期阶段的尾声，逐步进入发展快车道。

*——区块链不是全新技术，属于一种组合型技术。*区块链不是一种全新的技术，而是由密码学、计算机科学、经济学等多学科融合交叉而产生

的组合型技术。区块链技术在信任传导、数据保护等方面具有得天独厚的优势，但目前在可拓展性、性能以及链上链下数据交互等方面仍存在诸多问题。

作为一项互联互通的底层技术，区块链与其他技术存在巨大的融合空间。要构建区块链产业生态，加快区块链与人工智能、大数据、物联网等前沿信息技术的深度融合，推动集成创新和融合应用。区块链技术与人工智能有着天然的互补增强效应，可以为人工智能奠定可信、可用、可靠和高效的数据基础与信任基础；区块链和大数据的结合能保证链上数据的真实可信和不可篡改；区块链与物联网技术的融合则能解决区块链数据采集过程中的不可信问题，同时也能为物联网系统解决数据保护和隐私安全等问题。

——*区块链不是保险箱，更加需要监管。*技术永远中性。和其他诸多前沿技术一样，区块链技术既可以造福人们，赋能实体经济，也可能被一些人借机利用，损害人民群众财产安全和社会公共利益。此前很多项目借着区块链技术的噱头，从事ICO（Initial Coin Offering）、IEO（Initial Exchange Offerings）等非法融资活动，空气币、传销币等数字货币骗局在国内仍不时发生，难以杜绝。为防止一些人利用中央政策和区块链概念进行不法金融活动，相关部门和企业在区块链发展中要加强对技术安全的重视，同时加强对区块链技术和数字货币的市场普及教育，更好地去伪存真，为合法创新的区块链企业和数字货币营造健康良好的发展环境。

为了兴利除弊、扬长避短，实现区块链安全有序发展，政府监管是必要的，否则就可能乱象丛生、走上歧路。区块链作为重要的底层基础设施，在其快速发展的过程中要高度重视安全问题。应强化对区块链平台及应用的安全评估，提升区块链技术及其应用的合规性和规范性，协助建立健全区块链监管体系，强化区块链监管能力建设，共同探索区块链监管新模式，实现监管技术的升级和提效，并降低监管成本，确保产业发展与监管并行，为区块链技术的健康发展创造环境。

我们要从更大视野把握。人类能够发展出现代文明，是因为实现了大规模人群之间的有效合作。市场经济“看不见的手”，也是通过市场机制实现了人类社会的分工协作。在此基础上，区块链技术将极大拓展人类协作的广度和深度。无疑，区块链不只是下一代互联网技术，更是下一代合作机制和组织形式。

相信区块链，未来已来，日生不殆。

011 在乌镇，洞见金融科技

互联网金融的出现，不是互联网和金融业的简单结合，它让传统金融的问题和痛点慢慢显现出来。时下，无论是互联网金融还是金融科技，人们必须警惕网络效应“赢者通吃”的问题。这也造成了许多人一提起互联网金融就将它与P2P网贷爆雷相提并论，一说起金融科技就将它与比特币圈钱骗局相联吐槽。对于金融各种模式，一定存在许多新挑战、新课题，我们既要规范运作，又要不断研究、不断探索。

业内人士预测互联网金融将会给金融行业带来颠覆性的变革，也将成为新金融时代到来的标志。

2019年是互联网诞生50周年，半个世纪的互联网发展史，就是人类新文明的传播历史。

2019年10月20日至22日，我受邀参加了在浙江乌镇举行的第六届世界互联网大会。古镇的一边是江南最传统的粉墙黛瓦，石板小巷，楼亭榭阁，小桥流水人家；一边是风云激荡，方兴未艾的人工智能、5G、物联网、大数据，带来的科技金融、无人驾驶、透明屏、太空漂移车，都能窥见未来世界的模样。

如此大的反差，让我觉得特别有趣的同时，对召开这种会议有了一个建议，为什么互联网大会不直接搬到网上开？也许，那才是名副其实的互联网大会！

这仅是我的一己之见，令我顿生好奇的是，世界互联网大会遇见半个世纪的互联网，又将会迸发出什么样的火花？

毕竟，全球大约75亿人口中，网民占比为51%。如果按照联合国国际电信联盟（ITU）的目标，全球所有人都要上网，那么未来还要将一半的人口带入互联网世界。

这就是说，从数量上看，全球互联网历史至今最多也只是行至半程。就像《战国策·秦策五》中所说："行百里者半于九十。"意为行程一百里，走了九十里才算完成了一半，比喻做事愈接近成功愈困难。全球互联网发展的下半程，尤其是互联网金融向科技金融推进的过程，无疑难度更大。

乌镇会议开幕的那天，我注意到，A股并未出现明显上涨，涉及互联网大会的“计算机芯片”“金融科技”“人工智能”“产业科技”等热词，也好像暂时没能激活股市，万得金融科技指数甚至还出现了下跌。恒宝股份、新开普、汇金股份、京天利等成分股出现明显回调。此外，万得人工智能指数也出现回调，跌幅约为0.3%。

*“我打江南走过，那等在季节里的容颜如莲花的开落。”*蓦地让我想起郑愁予的这一句诗句。无怪乎，如今人们很现实，互联网今天对股市没有刺激，不等于互联网金融时代没有产生作用。因为目前互联网对金融，至少在三大细分领域不断强劲：证券交易业务因标准化程度较高，成为被互联网改造最早最深的领域；互联网银行则通过P2P、征信业务及供应链金融业务，弥补了传统金融机构未能满足的小微企业贷款需求；互联网时代产生的大数据使得保险产品的个性化定制成为可能，将极大促进保险的精细化发展。

在这里，面对众多的互联网金融业态，按不同的商业模式大致分为第三方支付、P2P网络贷款、众筹、互联网金融销售平台、互联网银行等主要模式。

*“东风不来，三月的柳絮不飞。”*难怪诗人郑愁予会发出这样的感触。没错，这次乌镇会议上，我发现大家谈得更多的是金融科技问题。这里人们不免要问，互联网金融与金融科技之间又是一种什么样的关系呢?

人们已知，互联网金融（ITFIN）是指传统金融机构与互联网企业利用互联网技术和信息通信技术实现资金融通、支付、投资和信息中介服务的新型金融业务模式。

在这里，互联网金融不是互联网和金融业的简单结合，而是在实现安全、移动等网络技术水平上，被用户熟悉接受后（尤其是对电子商务的接受），自然而然为适应新的需求而产生的新模式及新业务，是传统金融行业与互联网技术相结合的新兴领域。

互联网金融的出现，让传统金融的问题和痛点慢慢显现出来，业内人士预测互联网金融将会给金融行业带来颠覆性的改变，也将成为新金融时代到来的标志。

但在互联网金融发展过程中，也遇到了众多问题，致使人们开始思考金融与科技结合的全新方向。这就提醒我们，传统金融行业从互联网金融时代进入金融科技时代是不可抵挡的趋势。

不知人们是否注意到，目前传统金融机构在提金融科技，新兴互联网企业也在提金融科技，到底什么是金融科技呢?

金融发展在改变当下金融市场问题的同时，也让人们不得不思考，互联网金融与金融科技之间的区别到底在哪里?

或许，“春江水暖鸭先知”。金融科技的英译为Fintech，是Financial Technology的缩写，可以简单理解成为Finance（金融）+Technology（科技），指通过利用各类科技手段创新传统金融行业所提供的产品和服务，提升效率并有效降低运营成本。

根据金融稳定理事会（FSB）的定义，金融科技主要是指由大数据、区块链、云计算、人工智能等新兴前沿技术带动，对金融市场以及金融服务业务供给产生重大影响的新兴业务模式、新技术应用、新产品服务等。很多人将互联网金融和金融科技混为一谈，甚至觉得互联网科技只是融合金融的一个媒介，互联网科技在改变传统金融弊端的时候，传统金融只是借助了这一媒介。

事实上，金融科技涉及的技术具有更新迭代快、跨界、混业等特点，是大数据、人工智能、区块链技术等前沿颠覆性科技和传统金融业务与场景的叠加融合。主要包括：

大数据金融、人工智能金融、区块链金融和量化金融四个核心部分。

大数据金融重点关注金融大数据的获取、储存、处理分析与可视化。一般而言，金融大数据的核心技术包括基础底层、数据存储与管理层、计算处理层、数据分析与可视化层。数据分析与可视化层主要负责简单数据分析、高级数据分析（与人工智能有若干重合）以及对相应的分析结果的可视化展示。大数据金融往往还致力于利用互联网技术和信息通信技术，探索资金融通、支付、投资和信息中介的新型金融业务模式的研发。

人工智能金融主要借用人工智能技术处理金融领域的问题，包括股票价格预测、评估消费者行为和支付意愿、信用评分、智能投顾与聊天机器人、保险业的承保与理赔、风险管理与压力测试、金融监管与识别监测等。人工智能技术主要包括机器学习理论等前沿计算机科学知识，主要基于算法。机器学习理论是人工智能概念范畴下的一个子集，主要覆盖三大理论：

监督学习、无监督学习和强化学习。

区块链技术是一种去中心化的大数据系统，是数字世界里一切有价物的公共总账本，是分布式云计算网络的一种具体应用。一旦区块链技术成为未来互联网的底层组织结构，将直接改变互联网的治理机制，最终彻底颠覆现有底层协议，导致互联网金融的智能化、去中心化，并产生基于算法驱动的金融新业态。一旦成熟的区块链技术落地金融业，形成生态业务闭环，则金融交易可能会出现接近零成本的金融交易环境。但需注意的是，由于共识机制、私钥管理和智能合约等存在技术局限性和面临安全问题，区块链技术整合和应用落地将是一个长期的过程。

而量化金融是以金融工程、金融数学、金融计量和金融统计为抓手开展金融业务，它和传统金融最大的区别在于其始终强调利用数理手段和计量统计知识，定量而非定性地开展工作，其主要金融场景有高频交易、算法交易、金融衍生品定价以及基于数理视角下的金融风险管理等。

量化金融一直被视为金融业高端资本与智力密集型领域，科技含量极高，但近几年，高频与算法交易、金融风险管理、保险精算越来越依靠工业级大数据（比如实时、海量、高维和非结构化数据）、人工智能前沿技术以及区块链技术来解决问题或重构原有金融业务逻辑、产品设计流程、监管监测控制环节。

时至2017年，中国人民银行还专门成立了金融科技委员会，旨在加强金融科技工作的研究规划和统筹协调。金融科技是技术驱动的金融创新，为金融发展注入了新的活力，也给金融安全带来了新挑战。中国人民银行将强化监管科技（RegTech）应用实践，积极利用大数据、人工智能、云计算等技术丰富金融监管手段，提升跨行业、跨市场交叉性金融风险的甄别、防范和化解能力。

可见，互联网金融与金融科技属于不同的门类。互联网金融是将传统金融机构的产品、购买方式从线下搬到线上，从本质上来看，在互联网金融的影响下，金融机构只起到了优化用户体验、使购买渠道更加便捷的作用，对于金融界本身来说，并没有实质性的改变。

通俗地说，互联网包括移动互联网以及物联网，就像人的神经系统，大数据、人工智能等技术，就像人体内的五脏六腑，云计算相当于人体的脊梁。

看来，只有弄明白互联网金融与金融科技相互之间的关联之后，人们才能真正获得工作的主动权。曾经的互联网金融热词是否被金融科技取代？金融科技发展方向在哪里？当人们在谈数字科技的时候，究竟又是为了什么？弄得许多人是云里雾里。

庆幸的是，“月明乌镇桥边夜，梦里犹呼起看山”。在这次第六届世界互联网大会的金融科技论坛上，中国人民银行副行长范一飞认为：“科技本身是中性的，用在何处、如何使用完全取决于人。没有系统完备的制度安排，产品创新就可能走向偏航。”

京东金融CEO陈生强表示，金融科技进入下半场，金融机构要用金融科技的手段让强金融属性、强线下特征的业务加快数字化进程，实现线上线下相融合。在金融科技下半场，不管是银行、保险、证券还是基金，“科技能力”和“开放能力”是金融机构的两大核心能力，“科技”驱动金融价值链的风险管理和效率优化，“开放”借合作伙伴的力量打开服务边界。

度小满CEO朱光认为，过去互联网金融之所以聚集一些风险，主要是因为强调效率的提升，忽视了风险的管理，把解决这两个问题的顺序搞反了。这应该成为金融科技企业的价值观：风险问题在任何时候都要优先于效率问题。

就以P2P爆雷为例，真正有问题的其实不是科技（尽管几乎每一家企业都在强调自己的技术优势），而恰恰是企业为了规模与增长，刻意削弱了在风控上的科技投入，导致一边做高难度的吸储放贷，一边用轻资产轻科技投入的模式运作，最后爆雷几乎是必然的。

*“跫音不响，三月的春帷不揭。”*郑愁予为什么会有这样的感触？也许，技术的发展总是常变常新，每年的互联网大会主题各有侧重。正如连绵的群峰，各自奇崛，但是脉络始终相连。从“互通互联，共享共治”到“构建网络空间命运共同体”，从“创新驱动，造福人类”到“发展数字经济促进开放共享”，从“创造互信共治的数字世界”到“智能互联开放合作”，互联网治理的中国态度、中国方案、中国主张一以贯之。

大道之行，一呼百应。2018年，我国数字经济占GDP的比重已经达

34.8%。中国的治网经验和理念得到越来越多的认同、赞许和践行，并必将引领网络空间命运共同体的航船斩浪劈波、豪迈前行。

正如习近平总书记在第六届世界互联网大会上的贺词中所说：当前，新一轮科技革命和产业变革加速演进，人工智能、大数据、物联网等新技术、新应用、新业态方兴未艾，互联网迎来了更加强劲的发展动能和更加广阔的发展空间。发展好、运用好、治理好互联网，让互联网更好地造福人类，是国际社会的共同责任。

那么，下一步我国的金融科技到底何去何从?

*要让金融科技规划落地生根。*促进金融与科技深度融合、协调发展是一项复杂的系统工程，顶层设计至关重要。不久前，中国人民银行印发的《金融科技发展规划（2019—2021年）》（后简称《规划》）指出，金融科技是技术驱动的金融创新。规划还明确提出未来三年金融科技工作的指导思想、基本原则、发展目标、重点任务和保障措施。《规划》确定了六方面重点任务，包括加强金融科技战略部署、强化金融科技合理应用、赋能金融服务提质增效、增强金融风险技防能力、加大金融审查监管力度、夯实金融科技基础支撑。

*要将金融与科技协同发展。*金融发展依靠科技驱动，科技进步也离不开金融的反哺。一方面人们不要被金融科技概念框死，应不断拓宽视野。笔者认为，银行业转型涉及的互联网、移动互联网、大数据、云计算、人工智能、加密货币、区块链技术、人脸指纹生物识别技术、物联网、5G运用、VR、AR等技术和场景都可以归为金融科技的子领域。另一方面金融机构通过新技术合理运用金融创新，完善金融产品供给，提升金融服务效能，实现应用促创新，同时可以根据金融科技企业成长规律，发挥金融在优化资源配置等方面的作用，推动科技成果转化，扶持优秀的瞪羚企业或者独角兽企业的发展，这些企业与金融机构建立金融科技生态圈，实现

共赢发展。

*要加大金融科技投资的力度。*近期放开对部分机构外资持股比例的限制，就给金融科技行业带来投资机遇。一是传统金融机构改造和升级的投资机会。以实体门店为主的传统银行，主要服务的是到银行实体营业场地办理业务的人；而以网络特别是移动互联网为主的互联网金融或者金融科技主要服务的是网络上的客户。传统银行数字化转型是被阿里、腾讯等民营大型互联网公司倒逼的，是被民营互联网金融、科技金融逼迫的。二是人工智能的风控模型取代传统业务逻辑或者跟业务逻辑相结合的风控模型，这是不可逆转的一个趋势。其中，主要涉及创新支付手段（第三方支付）、网络借贷、互联网保险、智能投资管理升级等领域。三是智能监管升级。比如，升级监管科技，魔高一丈道高一尺也好，道高一尺魔高一丈也罢，技术的两面性决定了可以用技术违规，也可以用技术监管，就看谁走得快。目前，部分地区已经建立了基于新技术的监管系统、监测预警系统，还有的地方应用一套业内的第三方监管合作平台，让监管变得更加有效。而这些监管系统的研发、升级和应用，对于部分上市公司来说是重要的发展机遇。总体看，把握金融科技的投资机遇应当谋长远，不该看一时。

*要强化金融科技的行业管理。*金融安全是国家安全的重要组成部分，发展金融科技要把保障金融安全作为底线和红线。中国人民银行着力构建金融科技监管基本规则体系，主动营造有利于金融科技发展的良性政策环境，避免不法之徒钻空子，引导科技应用不跑偏不走样。一是加强关键信息技术的应用管理。研究制定云计算、人工智能、区块链等技术应用的监管规则，对技术架构、安全管理、业务连续性等方面提出管理要求。引导信息技术在金融领域的合理运用，纠正部分机构有技术就滥用、有技术就任性的乱象。二是强化金融信息的安全保护，明确覆盖金融信息收集、传

输、销毁全周期的策略，访问控制、宣传引导加强金融信息的保护，持续提升全民对金融信息安全重要性的认识，让公众醒悟用个人隐私换取些许便利是得不偿失的。个人隐私和信息保护工作做不好，久而久之，可能会造成数字恐慌、对技术的担忧，真有可能会毁了金融科技健康发展之路。三是加强金融科技创新产品的管理，通过社会公示行业备案打造机构自治、行业自律、政府监管的金融科技协同治理格局，预留充足的发展空间。四是强化金融科技实践，探索运用自然语言分析广义监管规则，提取文本规则中的量化指标，封装为机器可读可接入的API，实现金融监管形式化、数字化、程序化，提升系统性、交叉性金融风险的防范化解能力。

时下，无论是互联网金融还是金融科技，人们必须警惕网络效应下的“赢者通吃”问题。这也造成了许多人一提起互联网金融就将它与P2P网贷爆雷相提并论，一说起金融科技就将它与比特币圈钱骗局相联吐槽。对于金融各种模式，一定存在许多新挑战、新课题，我们既要规范运作，又要不断研究、不断探索，这样才能做得更好。

也许，只有透过乌镇石板古道上的跫音，人们才可以真正聆听到中国金融的好故事。

012　天香云外“金融”飘

2020年是我国三大攻坚战决胜收官之年，“扩大开放”将继续成为金融年度关键词。延续近年出台的一系列超预期的金融开放政策措施，向国际社会发出了强烈的开放信号。随着对外开放的加速，我国金融业将成为建设现代化经济体系及形成全面开放新格局的主力军，这将引领金融业进入一个全面开放的新时代。

在众多吟咏桂花的名句中，我尤为欣赏宋之问的“桂子月中落，天香云外飘”。

又是一年秋意浓，十里桂花香。我一直以为这个季节注定属于杭州，属于看不见摸不着，但无时无刻不在散发着的一丝丝、一缕缕的桂花香，它是这个季节江南特有的幽灵。

或许，这个金秋桂香的十月不只是属于杭州，还应是一种国香甚至是属于世界的。中国的伟大变革，总是在直面问题中展开波澜壮阔的画卷。而历史，透过这一个个重要时刻，为其标注下鲜明的印记。

2019年7月，我国发布2019年版外商投资准入和自贸试验区两张负面清单，进一步扩大农业、制造业、服务业等领域对外开放。历经5次修订，外商投资准入负面清单从6年前的190条缩减到现在全国版的40条和自贸区版的37条。

同时，鼓励外商投资产业目录大幅拉长。颁布外商投资法，加强外商投资促进和保护，从法律上保障外商投资合法权益，给企业稳定的信心和预期；不断推进“放管服”改革，削减行政审批和许可事项，大幅提升政务服务质量效率，企业经营更舒心；实施大规模减税降费，增强投资意愿，让企业轻装上阵。

正如中国美国商会发布的2019年《中国商务环境调查报告》显示，60%以上的会员企业仍将中国作为优先考虑的市场。美国投资管理公司景顺控股的调研报告发现，全球各国央行、国家基金对中国投资日益增加。2019年10月15日外交部确认，第十三轮中美经贸高级别磋商在华盛顿举行，双方达成实质性第一阶段协议。

同日，国务院发布关于修改外资保险公司管理条例和外资银行管理条例的决定。该条例决定增加外国保险集团公司，可以在中国境内设立外资保险公司，具体管理办法由国务院保险监督管理机构依照本条例的原则制定；境外金融机构可以入股外资保险公司，具体管理办法由国务院保险监督管理机构制定；外国银行分行可以吸收中国境内公民每笔不少于50万元人民币的定期存款；外国银行可在境内同时设立外商独资银行和外国银行分行。

接踵而来的是，国务院随后又立刻通过修改外资保险及银行条例，进一步加大金融市场的开放，这些其实都是本次中美谈判的成果体现。此时加速金融市场的全面开放，国内或将迎来全球资本最宽松的阶段，国内资产价格周期或将重启。因为金融市场开放将会成为中国吸引外资最核心的手段，尤其是人民币进入升值通道的加持，全球廉价资本涌入中国是一个大趋势。

所以，目前中国开放国内金融市场是一个非常恰当的时机：全球超级宽松的货币环境＋中国超大的金融市场＋中国自身产业转型的需要，这是一个十分漂亮的"三合一"。

自2019年以来，全球已有超过40个国家央行进行了大规模的降息，有些国家甚至已经出现了"负利率"，全球资本进入近10年来最廉价的水平。这时对于中国来说，对全球资本的需求也迫在眉睫：一方面防止外汇流失，一方面实体经济的转型升级，都迫切需要引入更多的全球资本应对。

有趣的是，2019年10月16日上午9时30分，浙江省国资委有关负责人和华营建筑集团控股有限公司主席，在香港联合交易所共同敲响铜锣，标志着浙江省建设投资集团股份有限公司所属新股“华营建筑”正式挂牌上市。他们摘得2019年国企境外资产境外上市第一股，也标志着该集团朝着综合性、国际化建筑投资运营商的企业愿景又迈出了坚实一步。

浙建集团曾是我当年任负责人的浙江建材总厂的患难兄弟，一路走来，华营建筑的确活得不容易。欣慰的是，当天首挂开报2.27港元，较招股价1港元高127%，最高股价冲至每股2.78港元。华营建筑或许仅是个案，不具有广泛代表性，但此刻把它隆重推出来，目的就是想告诉人们，它就像这个季节盛开的桂花，那么的素雅，那么的大方，那么充满生机，叫你不得不刮目相看。

令我们拍手称道的是，金融开放的这种快节奏，更有点像杭州此时满城桂花香，引来西溪成千上万古柿树，大红灯笼高高挂，还引来无数金黄银杏叶，像蝴蝶空中飘舞。

在这个充盈桂香的日子，没有记错的话，随着中美贸易摩擦不断升级，2019年年中以来，我国金融开放已经是“不待扬鞭自奋蹄”：先是银保监会再推12条对外开放举措，进一步提升银行业、保险业开放程度。随着一系列政策措施的出台，外资投资的积极性也持续提升，包括首家外资保险控股公司、首家外资信用评级公司等外资机构在国内相继落地。

紧接着，金融委又提出了新11条措施，向外界释放了更强的开放信号。一边是将此前已经宣布开放的领域的开放时间表提前，如提出人身险外资股比限制从51%提高至100%的过渡期，由原定2021年提前到2020年；将原定于2021年取消证券公司、基金管理公司和期货公司外资股比限制的时点提前到2020年。

不仅是这11条，还针对一些新的细分金融业态提出了新的开放要求。比如首次提出针对养老金管理公司的开放措施。因为目前，我国养老金管理市场以第二支柱企业年金基金管理为主，规模和增长有限。而国内养老金管理公司还处于试点阶段，试点采取成熟一家、批准一家的方式，只有一家由建行设立的建信养老金管理公司。允许外资设立养老金管理公司，有利于增加主体类型，增强市场活力，引入成熟养老金管理经验，提升养老金投资管理水平。

这11条措施，针对我国不断扩大的资管市场，提出了新的开放举措，如鼓励境外金融机构参与设立、投资入股商业银行理财子公司，并首次提出允许境外资产管理机构与中资银行或保险公司的子公司合资设立由外方控股的理财公司。

不过，无论是刚刚说到的银保监会，还是金融委的举动，分明如杭州的金桂和银桂，都是很多人较为喜欢的桂花品种。从本质来说，主要是两者花香不同，金桂比银桂香气浓郁。两者的花色也不同，金桂一般为金红色，银桂是白色或者黄色居多。它们的叶形也不同。

这时有人会问，是不是丹桂花色最艳，金桂花香最浓？我觉得它们各有千秋。就如2019年10月15日，国务院常务会议对金融开放再放大招，我以为这就是人们最期盼的丹桂，除了花色娇艳动人，它又像四季桂，常开不败，常开常香。

这次会议，彰显着中国在经济稳健发展支撑下，与全球投资者互利共赢的信心、加快融入全球金融市场的决心。特别是取消QFII和RQFII额度限制、取消券商等外资股比限制时点明确、进一步放宽外资银行和保险公司的准入条件、进一步便利境外机构投资者投资银行间债券市场等一系列金融开放大招背后，的确有着诸多值得关注的信号。

桂花露出笑脸，有的在青青树叶衬托下，愈加显得多彩多姿，尤其在全球经济发展、自由贸易不确定性上升的背景下，中国“以我为主”的开放进程不仅没有停滞，反而在加速。体现在金融领域，“全方位、立体式”的开放格局愈加清晰。

面对国内外错综复杂的形势，中国金融领域开放的速度、力度、深度有目共睹，“这种决心为全球经济和金融市场的发展注入了正能量”。从近年来的开放历程看，无论是银行业、证券业、保险业等具体行业的开放，还是便利外资流入、取消或放宽多种准入条件和额度限制，中国金融业的开放格局日益完整。

桂花露出笑脸，有的沐浴在阳光中，活脱脱像一个睡美人，尤其随着全球投资者和境外金融机构的不断进入，市场各参与方的类型也将不断增多，中国金融市场的生态将更加多元丰富。

可以预见，中国金融业将在竞争合作的过程中不断“修炼内功”，提升自身竞争力，走高质量发展道路。对于中国投资者来说，这也意味着能享受的金融服务将进一步提升。

这也证明，我国金融市场有巨大的发展潜力，金融机构也有很大的成长空间，对外资有很强的吸引力。未来，随着外资在我国金融机构中的股比提高，境外成熟市场的管理经验和经营模式将在中国金融市场发展融合。所以，这有利于提高我国金融机构的服务能力，促进金融市场健康发展，提高我国金融市场的国际化水平和国际竞争力。

桂花露出笑脸，有的躲在雨露中，闪动着成串的光泽，尤其随着中国金融业开放步伐的加速，金融市场各个领域的改革也将不断进行，改革和开放相互促进、相辅相成，金融市场制度建设的进步速度或超预期。

全球资本的流动需要相应的制度安排，从金融开放步伐已经可以看出我国正通过不断的市场化改革来呼应这些需求，探索多方有利的机制。这在金融产品品种的开放、交易规则的变化、注册制的试点探索等都有着明显体现。未来，为了适应金融开放的节奏，中国金融市场的改革力度值得期待。

说到这里，想起我小时候家里老人讲过月里桂花树的故事。说一个叫吴刚的仙人，犯了错，被玉帝罚到月宫砍伐桂花树。那桂花树很奇怪，他一斧头砍下去，桂花树又迅速长出新枝来。他一日不伐，树就疯长得能撑破月亮，所以吴刚只好日夜不停地在树下砍啊砍。人不能做错事啊，老人总是这样感叹。我有时会想，吴刚若是不伐，那一树的桂花，撑破了月亮将空气染成了一罐蜜，该多美，该多香。仿佛金融开放的桂花，把我们一个个浸泡成为香甜的人，那该多么美好!

是啊，这金秋的桂花，恰似春日梨花，秋风一吹，开得人措手不及，窗前屋后、街头巷尾，远远就能闻见桂香浮动，到了树下，香气更是醉人。实事求是地说，这个时候为什么中国会密集出台诸多金融开放举措?

不过，这里除了外部环境的倒逼，还有内部改革的要求。正如《吕氏春秋》中所说："桂枝之下无杂木。"这是因为桂花树是常绿植物，而且"叶长叶落"处于一种相对平衡的状态，所以，我们几乎看不到桂花树落叶，如此，桂花树枝叶葱茏，不说密不透风，密不透光那是一点也不夸张，喜爱阳光的低矮杂木自然就不会和桂花树做伴了。估计这也是中国金融开放一直徘徊不前的症结所在。中国金融四十人论坛（CF40）研究部调研了10余家外资金融机构，了解其过去一年在参与我国金融业开放过程中所遇到的一些问题:

如，金融业开放政策的配套细则或可操作路径需要进一步明确。外资机构展业仍面临较多牌照限制，且申请牌照耗费时间较长、各类牌照申请要求不一，阻碍了外资机构在我国开展综合金融服务的可能。当前政策尚不足以激发外资金融机构能动性。据外资机构反映，虽然中国内地市场在长期依然具有较大潜力，但在当前我国进一步扩大金融开放过程中，外资机构境外母集团在华发展的能动性不足，大部分机构采取观望策略。外资机构对国内市场认知有限，当前政策引导性不足。还有，在部分政策的制定与执行过程中，需要更充分地考虑外资金融机构的特殊性。

中美贸易摩擦中，金融是神经、是血液，一旦受挫，对中国经济影响会比较大。所以当务之急是我们必须加快金融的供给侧改革。2019—2020年是金融供给侧改革的关键时刻，我们现在工商企业的负债率是偏高的，房产负债也很高，加之我们的非银行机构脱实就虚，这些都属于金融结构性改革要解决的问题，金融稳则经济稳，金融搞好了全盘皆活。还有我们要进一步推动跨境人民币的清算系统和以人民币为中介的全球金融清算网络建设。再一个就是我们自己的期货市场，尤其是油品期货交易，要加快推进以人民币计价的结算方式。大宗物资也用人民币结算，从这个角度是可以推动人民币国际化的。此外，资本项下人民币自由兑换要慢下来，本来想用5年，现在要准备10年或者15年，为什么？在贸易战、金融战背景下，如果自由兑换就可能容易受冲击，所以资本市场不论是沪港通还是深港通，应该是有额度、有通道地逐步放开，要谨慎。如果说在2000年以前我们渡过难关，和资本项下管制有关，1998年和2008年都和资本项下管制相关，眼下我们不受冲击，也是和这个保护有关。这方面如果不严格管制，3万亿美元变2万亿美元是说变就变，这要求我们必须进一步加强资本项下人民币与美元间的管理措施。

总体来看，这些问题主要集中在政策配套细则、政策兼容性、营商环境等方面，而这些也正是最新一轮金融开放措施准备着力解决的问题。对比2018年4月提出的中国金融开放措施落地时间表不难看出，这一轮开放动作主要是存量政策的进一步深化落实，其中既考虑到我国经济发展的自身需要，也汲取了外资机构的诉求和建议。

所以，2020年是我国三大攻坚战决胜收官之年，“扩大开放”继续成为金融年度关键词。延续近年出台的一系列超预期的金融开放政策措施，向国际社会发出了强烈的开放信号。随着对外开放的加速，我国金融业将成为建设现代化经济体系及形成全面开放新格局的主力军，这将引领金融业进入一个全面开放的新时代。

说千道万，我们必须明确参与并推动经济全球化，这始终是驱动中国经济增长的重要引擎。中国积极参与推动经济全球化也为同期世界经济发展作出了实质性贡献。由此，在当前经济全球化面临逆流的时期，作为世界第二大经济体，中国加大加快自身对外开放进程，更大程度地开放本国市场，可视为维护全球经济开放竞争格局，遏制贸易保护主义蔓延的重要举措。这既符合我国自身的发展需要，也是在为全球增长提供重要的公共产品。

说到这里，再让我回到开头那句诗。“桂子月中落”是说，相传每到中秋夜晚，桂花便从月中纷纷落到人间，那是月中的嫦娥掷与人的。时下金融开放降临大地，几乎正应和了这个情景。当然，这只是一个美丽的传说，月中自然不会落下桂花，而“桂花落”的现象却是实实在在存在的，就像这金融开放的一个个政策举措不只是写在纸上，关键要尽快落地。

而“天香云外飘”，这句紧扣杭州灵隐，写寺中香火之盛。言下之意，香火可以从人间飘到天边的白云上，这种香与月中桂花的香融合在一起，十分精妙。亦如这个金秋桂子飘香的杭州，不只是国企境外上市，还有在紧邻杭州的乌镇举办的第六届世界互联网大会、在距杭州不远的舟山举办的第二届世界油商大会，甚至还有在上海将要召开的第二届中国国际进口博览会，以及在杭州将要召开的第五届世界浙商大会，如此等等，这些世界性的大会，哪一个都与金融开放紧密相关。莫不是这桂花诱惑或辐射，才有了如今香溢四海之准则。

千万别以为我的名字中有一朵“云”，她的名字中有一个“卿”，这才有了复旦大学的“卿云烂兮，纠缦缦兮”的偏好，哈哈！难怪古往今来，人们都喜欢用“天香”一词，它也成为桂花的美称，恐怕这也是我们为什么喜欢“天香云外飘”这句诗的由来。

013 这夜，把“诗”言欢

随着经济下行压力不断加大，结构调整不断遇见新难题，风险隐患依然较多，我们的企业怎样才能走出海子的“今夜我在”高原、马云的“死在明天晚上”？笔者思来想去，当务之急是加快私募股权投资，围绕“股权”两字做文章。促进股权融资，也许不失为推进金融供给侧结构性改革，防范化解系统性风险的重要举措。

2019年底，我跑到青海开会，虽然仅待了一晚，但我就像海子爱上了德令哈。那里有一条穿城而过的巴音河，被老百姓称作母亲河，也是高原上罕有的大江大河。

晚上，我住在德令哈，经不住友人鼓动，参观了巴音河畔的海子诗歌陈列馆。这座拥有青瓦与雕梁的江南建筑，讲述着海子与这座高原小镇的情缘与过往。昏暗的灯光，轻柔的音乐，还有正在播放的海子诗歌朗诵，让我知道了海子和德令哈的缘分，来源于那首《姐姐，今夜我在德令哈》。

诗中写道："姐姐，今夜我在德令哈，这是雨水中一座荒凉的城……"

这晚，我高原反应特别厉害，说心里话，根本无法寻找到海子的诗意。后来，我发现如此高原反应，就像时下我们许多好端端的企业，突遭中美经贸摩擦的影响一样。

对于这个过程，用世界最大的电商平台老板马云的话来说，可能更加精准——创业的路上，今天很残酷，明天比今天更残酷，后天很美好，但大部分人死在了明天晚上。

为什么马云会觉得创业者会死在明天夜里，而不是明天白天，或者后天？

这里所说的夜里，又是什么意思？

原来它预示着黑暗、寒冷和绝望。创业者撑过了当下，熬过了明天，却等不来第三个天明，因为真正考验生死的是在第二天的晚上，那是困难和灾难重蹈覆辙，并且所有希望都已破灭，所有资源都已消耗殆尽，真正“弹尽粮绝”的时候。

不是吗?

随着目前经济下行压力不断加大，对美经贸斗争影响不断扩散，结构调整不断遇见新难题，风险隐患依然较多，我们的企业怎样才能走出海子的“今夜我在”高原、马云的“死在明天晚上”?

笔者思来想去，当务之急是加快私募股权投资，促进股权融资，也许不失为推进金融供给侧结构性改革，防范化解系统性风险的重要举措。

这里的私募股权投资到底指什么?

私募股权投资（Private Equity，简称“PE”），从投资方式角度看，是指通过私募形式对私有企业，即非上市企业进行的权益性投资，在交易实施过程中附带考虑了将来的退出机制，即通过上市、并购或管理层回购等方式，出售持股获利。

说穿了，私募股权投资与时下的股权投资、直接投资、风险投资、创业投资等，应该都是舶来文化的翻译与理解差异，基本意思大同小异，就是围绕“股权”两字做文章。

“股权”真的有这么重要？这可能要颠覆我们传统的思维方式和观念。确切地说，在几百年前，犹太人发现了一个有趣的故事——

谁都知道，人与人之间，互相借款，不管借款时是否为高利贷、是否附带财产抵押或担保（甚至是产权的转移），总有一件事情会大概率地发生，即每十笔借款，总有两笔烂账。这两笔烂账，可以带来借款业务满盘皆输，本金收不回，利息也别想要。随着时间的延长，利滚利、逼债、产权转移、跑路跳楼，久而久之，人人自危、人人为敌，社会公德沦丧。

可见，借贷商业模式，不是一个能够持续的商业模式。

就在这个节骨眼上，犹太人经过数百年的摸索和思考，把人与人的互相借贷关系，改变为互相之间的股权投资关系，创造了股权投资商业模式，渐渐形成股权投资文化。于是，人与人之间，互相股权投资，总有一件事情会大概率地发生，即每十笔股权投资，总有两笔成功。这两笔的成功，可以带来股权投资满盘皆赢，覆盖本金并带来收益。随着时间的延长，股权投资带来稳定持续回报、财富增值、对创业失败者宽容鼓励、坚忍不拔创新创业，久而久之，人人淡定宽容、人人为友，社会公德大幅提升。

经过这几百年的验证，犹太人彻底开悟了：股权投资的商业模式，是一个能够持续的商业模式，同时发现，股权投资的文化既是符合人性的，又是顺应自然规律的。

紧接着，犹太人把股权投资的商业模式、股权投资的商业文化带到了美国。这时伟大的罗斯福先生，以总统之名，动用国家力量，以非凡的手段，甚至选任重用“大流氓”惩治“小流氓”，完成了华尔街的转型，即从“银行借贷”转向“股票交易所的股权和股票”。从此，在美国，借贷商业模式慢慢退出历史舞台，取而代之的是股权投资的商业模式。

不过，说一千道一万，必须记住我们这里是中国。特别是时下国际国内经济发展压力加大的背景下，你提出要搞私募股权投资，不怕被人打脸？当然，我坚信社会是讲真理的。

因为有一阕常青不衰的时代传奇。从国际大环境来讲，全球信贷扩张已进入尾声，货币政策已不能推动整个经济复苏。经济复苏唯有依靠模式和技术创新提高生产效率，把过去的要素驱动转变为现在的创新驱动，去除旧的生产模式，产生新的伟大公司，才能有更好的前景。

因为有一份宏大向上的拼搏精神。从国家层面来讲，中央政府推动资本市场改革，鼓励企业并购重组，中国资本市场开放已经30多年。一级股权投资市场是中国资本市场的重中之重，大众创业、万众创新，新旧动能转换已是国家战略的半边天，科创板的迅速推出也把股权投资推向了新的高度。

因为有一种生态颜值的芳华旖旎。在未来的十几年里，中国的中产阶级，财富要获得几何级增长，股权投资是一个非常重要的领域。对于未来的变化趋势和方向，我们要特别关注股权市场的发展。无论你是否看到机会，是否参与其中，中国资本市场已经开放，中国企业迎来上市机遇，真正的股权投资时代已经来临。

因为有璀璨夺目的诗和远方。从宏观层面上，至少有来自三个方面的认知：

——*全社会融资结构调整。*过去15年间，中国以银行贷款为代表的债权类融资是主要的融资方式，占比超过75%。剔除金融类企业的融资，非金融类企业的股票融资金额占比平均约为3%。我们一直听到的去杠杆，其本质就是降低债券融资的比例，提升股权融资的比例。

——*多层次资本市场建立完善，IPO常态化，证券市场加速改革。*根据招商银行和贝恩公司联合发布的《2017中国私人财富报告》显示，中国可投资资产在1000万元以上的已经超过100万人，全国个人持有的可投资资产规模超过了129万亿元。在固定收益类的产品越来越稀缺、收益率越来越低的过程中，这些钱会流向哪里？这些钱有一部分流入到PE/VC手中，然后再投入高成长性的行业，高成长性的行业通过多层次的资本市场体系退出之后，这些钱又回到了投资人的手中，并实现了数倍的投资回报。这就是“货币项目化、项目证券化、证券化推出后再货币化”的自循环过程。在多层次资本市场体系建立完善之后，IPO常态化和自循环体系会被打通，债权融资的比例自然会降低，股权融资的比例也会提高。这个趋势在未来10年间都不会改变，投资人一定要把握好这个大趋势。

——*供给侧结构性改革、产业升级和经济转型带来的大好机会。*我们关注到消费升级和制造业升级两大投资主线，并以此作为大方向进行投资布局。

还因为有岁月静好的温暖接力。从微观层面上，近年比较流行的一句话：人无股权不富。为什么这么说，想必一定有它的道理，所以，至少也有来自三个方面的认知：

*——投资者的期盼。*众所周知，投资者近些年投资渠道在发生变化：存银行发现收益低，银行给的利息还赶不上通胀的水平。投资股票风险大，股票就像心电图，上上下下太难控制，心脏不好的人做不了股票投资，折腾几年下来也许还不如不做。投资互联网金融P2P，发现近几年跑路的接连不断，安全问题着实令人担忧，因为互联网金融领域的法律法规还跟不上，安全没办法保障。

很多人就想到了投资企业，可是投资企业以个人的方式只能做天使投资，VC和PE一般人投资不起，动辄需要两三千万元，这不是小数目，大部分人没这么多钱，即使有也未必懂行。而那些一次性投资个两三百万元做天使投资人的项目，就相当考验投资人的眼光，并且需要有足够的耐心，一投资很可能就是10年左右甚至更久，中间看不到利润很多人也熬不住。这样分析下来，最好的方式就是做PE股权投资，投资期限相对较短，三到五年即可。把钱交给专业的人，省心又省力，你需要做的就是考察一个机构的实力和能力就行。

*——企业的期待。*企业为什么需要私募股权融资？我们都知道，企业要发展肯定离不开资金的支持，资金链一旦断裂就会面临破产的风险。企业去银行融资近几年已经相当困难，银行早就开始嫌贫爱富了，没有一定的资产做抵押，银行也不会借钱给你，因为它担心你还不起钱产生坏账。

*——IPO的期望。*目前中国股市已有3000多只股票，但每天排队IPO的已经排到了两年以后，很多企业等不及中国股市，出来也不易。现

在有很多优质的科技企业又都轻资产化，没有厂房，没有设备。这样，对于企业来讲，融资成本也很高了。这个时候，企业就想到了去找股权私募融资，既有健全的法律法规体系，又有中小企业股权融资平台，也相当不错，他们需要做的就是不断优化自己的企业管理和盈利模式。

说到这里，我得把话说回来。数百年之前，犹太人率先醒悟，在人类历史上提前进入"股权时代"，使得犹太民族成为强大的民族。犹太人人口虽仅有1600万，占全球人口不到0.25%，但却获得了全球27%的诺贝尔奖；在美国的犹太人占美国总人口不到3%，却掌握着美国60%以上的财富。

必须肯定，我国非常重视和关心资本市场的建设。习近平总书记在中央政治局会议上，谈到2019年上半年经济形势时强调：我国要加大发展私募股权投资的力度，促进股权融资，以此引导金融真正回归实体经济的初心。

当然，这是一个振奋人心的好消息，关键就是如何落地，如何撸起袖子加油干，这对中国的金融供给侧结构性改革，的确又是一个巨大的考验——

*我们要追逐梦想，从国家战略的高度，提高对私募股权投资的认识。*目前中央政府积极推动资本市场改革，鼓励企业并购重组，资本市场开放已有30多年。所以，必须肯定股权市场的升温不是偶然，而是我国经济增速放缓后的必然趋势，当下产业升级、经济转型、资源配置优化已成为新的经济增长点，而股权投资正是其中的关键。建议纠正目前不少地方存在的错误认识和做法——不是限制、控制而是大力提倡、鼓励、奖励股权投资机构，通过有限合伙企业，做大做强股权投资基金，调动社会资本，做大直接融资。

我们要登高望远，从政府主导的角度，补齐国家转型升级和创新驱动

*的真正短板。*建议在北深沪杭，规划专项用地，建造“全球股权投资中心”，吸引中国和全球顶级的创业投资公司总部进驻办公，注册并运营管理其创投基金。各地政府组织建设新型孵化器，并以此为整合平台，以股权基金投资孵化当地优势产业。由政府主导，对私募投资行业的头部公司进行股权投资。国有资本尤其要对民营背景的优秀股权投资公司，以财务投资者的身份，对其进行股权投资，利用混改机制，让优秀民营股权投资公司拥有巨额创投资本，采用市场机制，快速投资孵化科技型企业，投资甚至收购国际上的股权投资公司。

*我们要风华正茂，从多轮驱动的角度，加大私募股权投资力度。*一方面鼓励由股权机构主导，对A股公司、新三板和四板公司进行产业投资和并购，实现资源和产业整合，从而实现新旧动能转换；一方面增加注册资本金、增加股权投资金额，对战略性新型产业重大项目公司，加大私募股权投资；一方面大力鼓励并且优先安排国内优秀规范的股权投资机构，在A股市场直接上市或借壳上市，培养中国自己的黑石、凯雷、贝莱德、KKR；再一方面加快科创板的建设，加快新三板、创业板、中小板、沪深主板的改革，让股权投资有更多的成长空间和退出通道。

“惟以心相交，方成其久远”，对重要的观点，这里重复两遍。

未来已来、远方不远，无论如何，一个更加美好的新时代，永远激励着我们携手奋进、并肩前行。亦如企业在成功的道路上都会有这样的经历：当第一个夜晚来临，大家都在负重前行，有的人调整战略缩减开支，有的人精简管理断臂求生，有的人挖掘产品深度另谋生路，或者寻求外部增援吃几口奶，不尽相同。唯一相同的一点是，出于对理想的执着和对付出的不甘不舍，大部分人都在咬牙坚持，费尽一切心思渡过难关，于是等来云开日见的明天。

第三天之所以是美好的，是因为能够连续度过两次极夜的人或者企业，已经证明了他们具备解决问题的能力，足以在某一领域立足并且长久生存下去。即便这个过程艰辛无比甚至苟延残喘，但他们活下来了，而活下来就意味着希望，意味着新的可能，估计这才是马云那番话最现实的意义吧。

回到开篇所说的话，虽说高原反应让我头痛不已，但对海子这个笔名“大海之子”之意，我蓦然有了自己的发现：因为“海子”，是青藏高原牧民对内陆湖泊的俗称，有“沙漠中水草丰美的水泽”之意。这正是海子不断行走在青藏高原，写下许多让人难忘的高原诗作的又一个缘故吧？

或许，今天不是一个诗歌的时代，但在这个股权投资到来的时代，却是一个需要诗歌的时代。还是要感念海子，让我们在喧嚣和浮躁的生活中，坚守着德令哈难得的那份宁静与美好。

当然，在德令哈那晚，高原反应没有轻饶了我，在剧烈难忍的头痛中，我还是感受到经济下行带来的孤独，压抑下想起一句诗：

“如果爱一个人/或恨一个人/就把他送上高原/无论是快乐或悲伤/德令哈会有一帖罂粟毒药/把诗（私募股权投资）言欢。”

014 金融罕有的“金九银十”

做好“金九银十”，争取之后月月都是“金九银十”，我们必须坚持稳中求进的工作总基调，坚持发展是第一要务，着力办好自己的事，主动应对内外部环境复杂深刻的变化，贯彻“巩固、增强、提升、畅通”八字方针，统筹推进稳增长、促改革、调结构、惠民生、防风险、保稳定，确保金融各项政策落地生根。

为什么要提“金九银十”，这个既古老而又新鲜的词汇？

先得承认，这个词可能大家并不陌生。这是一个金融时间的概念。

在时间上，因为九、十月是农业收获季节，开始进入秋收，按照人的收支消费心理，通常进入到秋天，延续到冬季，特别是临近元旦、春节两节，家庭消费会明显增加，这是一个随季节消费的金融概念。

所以“金九银十”，本是一个常识性的读法。但到了2019年，人们从未像今天这样特别看重。特别是美国霸凌挑起的中美贸易战，倒逼中国更加强调“金融兴，经济兴；金融稳，经济稳”。

不是吗？

时光如白驹过隙。2019年8月30日，国务院金融稳定发展委员会召开了第七次会议，研究金融支持实体经济、深化金融体制改革、加强投资者合法权益保护等问题。笔者认为，这是吹响了中国“金九银十”的集结号。

紧接着是天光云影，在秋高气爽的9月4日，国务院又召开了常务会议，专题研究部署、精准施策，加大力度做好“六稳”工作，确定加快地方政府专项债券发行使用的措施，带动有效投资支持补短板扩内需。

9月5日，国务院金融稳定发展委员会还召开了全国金融形势通报和工作经验交流电视电话会议，研究部署金融领域重点工作。

看看吧！紧锣密鼓的6天，连续三个重磅会议推出，这在中国金融史上恐怕是破天荒的。因为三个会议同时发声，都提到了当前宏观经济运行情况和逆周期调节问题。

这是什么情况?

无须多言，人们早已心知肚明，倒逼中国金融抛出一揽子组合拳，除了应对中美贸易摩擦带来的影响，更重要的是想争取有一个“金九银十”的发展环境。

另一方面，如欧阳修诗曰“九月霜秋秋已尽，烘林败叶红相映”，中美贸易摩擦不但对美国自己，同时也对全球金融带来不良影响。如整个欧盟，落得“可怜九月初三夜，露似真珠月似弓”。

2019年9月12日晚间，欧洲央行公布货币政策会议的决议，下调存款利率10个基点至-0.5%，边际贷款利率和主要再融资利率分别维持0.25%和0.00%不变。这是欧洲央行自2016年3月以来首次调降欧元区利率。

同时，欧洲央行还宣布重启QE，将从11月1日起购债200亿欧元/月；调整利率政策指引，预期欧元区关键利率将“保持或低于当前水平”，直到欧元区通胀前景有力地趋向且足够接近政策目标；开始存款利率分级，将为负利率政策推出两级体系，部分银行所持有的过剩流动性将不受负利率影响。

同一天，欧洲央行还发布了最新一期宏观经济预测报告，下调2019年、2020年欧元区经济增长预期分别至1.1%和1.2%，预计2021年为1.4%；同时将2019年、2020年和2021年欧元区通胀预期分别下调至1.2%，1.0%和1.5%。

决议公布后，欧元对美元一度短暂上扬近40点，但欧洲央行宣布量化宽松政策后快速走低。另外，美国三大股指期货涨幅扩大，现货黄金涨近10美元；德国10年期国债收益率下跌，意大利10年期国债收益率更是跌超15个基点，至历史低点0.791%。

而美国紧步欧盟后尘，有点“轮台九月风夜吼，一川碎石大如斗”的味道。

2019年9月19日凌晨，美联储批准了一项备受期待的降息25个基点的计划。利率决议公布之后，美元指数短线迅速拉升上探98.66，国际黄金价格跌幅一度扩大到1.19%，创8月13日以来新低至1483.50美元/盎司。

接踵而至的是，美联储官员对当周短期借贷市场的动荡作出回应，大幅下调了银行准备金利率。美联储将超额准备金利率下调了30个基点至1.8%，下调联邦基金利率目标区间25个基点，至1.75%～2.00%的水平。据说，这是纽约联储银行10年来首次进行的隔夜系统回购协议操作。

还有，众所周知，2019年9月1日是中美互加关税的日子。

美国贸易代表办公室在当地时间8月28日正式确认，从9月1日起分批对价值3000亿美元的中国输美商品加征的关税，由10%提高到15%。

第一批被征收15%关税的商品包括智能手表、蓝牙耳机、平板电视和多种鞋类。这意味着苹果手表和无线耳机等也将被波及，这是之前三轮关税中所没有过的。

作为反制，中国对原产于美国的价值约750亿美元的商品分别加征10%，5%不等的关税，也将分别于9月1日12时1分和12月15日12时1分生效。

加税不可怕，不确定性才可怕。正如美联储主席鲍威尔所说的，“美国贸易政策”的不确定性正在伤害美国经济，股市的两次暴跌是最直接的反映。过去半个月，A股一直在2900点附近徘徊。

“千淘万漉虽辛苦，吹尽狂沙始到金。”面对全球风云变幻，中国6天3会，频率高、质量硬，一系列会议精神充分体现出中央应对经济下行压力的动力和决心。但说千道万，我们还是要把自己的事做好，这样我们才会临危不惧，闯出雷区，真正收获到“金九银十”的丰收喜悦。就像国务院副总理刘鹤所言，我们完全有能力、有信心、有条件战胜各种困难和挑战：

——应对经济下行压力，我们有能力！

国务院常务会议提出，当前外部环境更趋复杂严峻，国内经济下行压力加大，各地区各部门要按照党中央、国务院部署，增强紧迫感，主动作为。

金融委电视电话会议指出，当前，国内外经济金融面临新形势，经济下行压力有所加大，要增强忧患意识，善于化危为机，认真办好自己的事，促进经济金融稳健运行。

很显然，国内经济下行压力加大已经成为当前经济发展的突出问题，外部环境也更加复杂严峻。

不过，刘鹤明确指出，我国经济基本面长期向好，居民储蓄率高，微观基础充满活力，重要金融机构运行稳健，宏观政策工具充足，监管体制机制健全，防范化解风险经验丰富，完全有能力、有信心、有条件战胜各种困难和挑战。

——加大逆周期调节力度，我们有信心！

金融委2019年第七次会议提出，要按照党中央、国务院决策部署，加大宏观经济政策的逆周期调节力度，下大力气疏通货币政策传导。

国务院常务会议提出，把做好“六稳”工作放在更加突出的位置，围绕办好自己的事，用好逆周期调节政策工具。

金融委电视电话会议再次重申并强调，金融管理部门要强化监管责任，加大逆周期调节力度，下大力气疏通货币政策传导机制。

事实上，除了近期的3次会议之外，2019年7月召开的总理专家座谈会、金融委第六次会议以及月末的政治局会议，均强调要坚持逆周期调节。

最新金融委会议对于逆周期调节的表述，转变为“加大逆周期调节力度”，这样的新提法意味着2019年下半年稳增长的必要性增大。

9月6日，国家发改委副主任、国家统计局局长宁吉喆在中国发展高层论坛2019年专题研讨会上表示，积极的财政政策要加力增效，继续落实落细大规模减税降费政策；货币政策要保持松紧适度，加快落实降低实际利率水平的措施，及时运用普遍降准和定向降准等工具，加大金融对实体经济特别是小微企业的支持力度。

——财政政策重点是用好专项债，我们有抓手。

经济下行压力加大，财政政策有必要更加积极，以带动有效投资。

金融委第七次会议强调，充分挖掘投资需求潜力，探索建立投资项目激励机制，支持愿意干事创业、敢于担当、有较好发展潜力的地区和领域加快发展。高度重视基础设施、高新技术、传统产业改造、社会服务等领域和新增长极地区的发展。

国务院常务会议则提出，要着眼补短板、惠民生、增后劲，进一步扩大有效投资，并提出，2019年限额内地方政府专项债券要确保9月底前全部发行完毕，10月底前全部拨付到项目上，督促各地尽快形成实物工作量。

笔者觉得，财政政策的发力点是用好用活专项债、加大基建补短板力度以及强化减税降费执行力度。其中，稳基建将成为稳增长的重要抓手。

——普遍降准、定向降准，我们一个不能少。

作为逆周期调节的重要政策工具，国务院常务会议上最新的货币政策表述出现了变化，由“松紧适度”改为“预调微调”，并特别说明要及时运用普遍降准和定向降准工具。

随着全球央行货币放松的进程加快，在经济下行压力加大的背景下，国内货币政策适当宽松的时点也渐行渐近，尤其是降准及降低公开市场操作利率。

从“及时运用普遍降准和定向降准等政策工具”的提法看，后期全面降准叠加定向降准将是大概率事件。

未来货币政策将以结构性调整为主，通过降低MLF操作利率和定向降准，引导更多资金流向实体经济特别是小微企业，避免再次回流房地产，加强房地产领域信贷管控是未来货币政策的底线。

令人欣慰的是，在6天召开三个重要会议的基础上，2019年9月9日到10日，证监会又在京召开全面深化资本市场改革工作座谈会。会议提出了当前及今后一个时期全面深化资本市场改革的12个方面重点任务。

前6项：充分发挥科创板的试验田作用，坚守科创板定位，优化审核与注册衔接机制，保持改革定力。总结推广科创板行之有效的制度安排，稳步实施注册制，完善市场基础制度。大力推动上市公司提高质量，制订实施推动提高上市公司质量行动计划，切实把好入口和出口两道关，努力优化增量、调整存量。严把IPO审核质量关，充分发挥资本市场并购重组主渠道作用，畅通多元化退市渠道，促进上市公司优胜劣汰；优化重组上市、再融资等制度，支持分拆上市试点。加强上市公司持续监管、分类监管、精准监管。补齐多层次资本市场体系的短板，推进创业板改革，加快新三板改革，选择若干区域性股权市场开展制度和业务创新试点；允许优质券商拓展柜台业务；大力发展私募股权投资；推进交易所市场债券和资产支持证券品种创新；丰富期货期权产品。狠抓中介机构能力建设，加快建设高质量投资银行，完善差异化监管举措，支持优质券商创新提质，鼓励中小券商特色化精品化发展；推动公募机构大力发展权益类基金；压实中介机构责任，推进行业文化建设。加快推进资本市场高水平开放，抓紧落实已公布的对外开放举措，维护开放环境下的金融安全。

后6项：推动更多中长期资金入市，强化证券基金经营机构长期业绩导向，推进公募基金管理人分类监管；推动放宽各类中长期资金入市比例和范围；推动公募基金纳入个人税收递延型商业养老金投资范围。切实化解股票质押、债券违约、私募基金等重点领域风险。进一步加大法治供给，加快推动《中华人民共和国证券法》《中华人民共和国刑法》修改，大幅提高欺诈发行、上市公司虚假信息披露和中介机构提供虚假证明文件等违法行为的违法成本；用好用足现有法律制度，坚持严格执法，提升监管威慑力。加强投资者保护，推动建立具有中国特色的证券集体诉讼制度；探索建立行政罚没款优先用于投资者救济的制度机制；推动修改或制定虚假陈述和内幕交易、操纵市场相关民事赔偿司法解释。提升稽查执法效能，强化案件分层分类分级管理，集中力量查办欺诈造假等大要案，提升案件查办效率。大力推进简政放权，大幅精简审批备案事项，优化审批备案流程，提高监管透明度；加强事中事后监管。加快提升科技监管能力，推进科技与业务深度融合，提升监管的科技化、智能化水平。

事实上，在资本市场，一直也有“金九银十”的说法。

长期以来，证券市场往往在靠近年底的第四季度比较平淡，因为很多市场参与者因年底结账、回抽资金、获利了结的因素而离场，而这种调整和平淡正是基金建仓的好机会。

于是，一些新基金就会考虑在9、10月份发行，希望能借市场这个相对平淡期尽快完成建仓，为迎接市场的下一个高潮做好准备。根据统计，2017—2018年9、10月份成立的股票型开放式基金的平均收益确实好于非9、10月份成立的同类型基金。

莫非，这就叫作无巧不成书吧！

这里不得不说的是，国家外管部门也抢抓机遇，趁势而上。9月10

日，国家外汇管理局正式对外发布公告称，决定取消合格境外机构投资者（QFII）和人民币合格境外机构投资者（RQFII）（以下合称“合格境外投资者”）投资额度限制。据悉，此次取消合格境外投资者投资额度限制时，RQFII试点国家和地区限制也一并取消。

哦！千万别小看这一举动，此次全面取消合格境外投资者投资额度限制，标志着我国资本项目开放取得重要进展，进一步提升了我国金融市场开放程度，有助于建设一个规范、透明、开放、有活力、有韧性的资本市场。

做好“金九银十”，争取之后月月都是“金九银十”，我们必须坚持稳中求进的工作总基调，坚持发展是第一要务，着力办好自己的事，主动应对内外部环境复杂深刻的变化，贯彻“巩固、增强、提升、畅通”八字方针，统筹推进稳增长、促改革、调结构、惠民生、防风险、保稳定，下更大力气做好“六稳”工作，确保金融各项政策尽快落地见效。

当你在月光如水的夜晚感觉到寒意，九月就站在十月的门楣回首，和你微笑着挥手告别时，我觉得还有两个重大问题，有必要给大家提个醒，或再强调一番：

一个是有效实施宏观政策逆周期调节，确保经济运行在合理区间——

在做好“六稳”工作的前提下，实施好积极的财政政策和稳健的货币政策，切实落实落细减税降费工作。发挥地方政府专项债券在公共基础设施建设中的作用，提高固定资产投资效率。货币政策要松紧适度，发挥准备金率和利率等工具的效应。加大对中小金融机构的支持力度，不断增强对实体经济融资的支持。这里特别要注意的是，稳健的货币政策，不仅落实在“稳”上，更体现在“健”上，具体表现之一就是持续创新，所以，我们要稳中求进地推动货币政策调控机制不断创新。

一个就是加快金融供给侧结构性改革，防范化解系统性风险——

这里必须肯定，当前我国金融风险总体可控，但防风险是金融的永恒主题。金融防风险是识别、评估、分散（或组合）和管理风险的一套机制，金融领域中的各种风险，既有实体经济部门转移的风险，也有金融机构经营运作中形成的风险。在市场经济中，微观风险通常由微观主体自己防范化解，但金融层面的微观风险有溢出效应，不仅可能给相关客户带来经济利益的损失，而且可能扩展为区域性乃至系统性的金融或经济风险。要把握好风险处置节奏和力度，做好金融风险在线修复。推动银行进一步下放贷款审批权，引导金融对实体经济的中长期融资。加大对不良资产核销的财税、司法的支持力度，防止资金过度流入房地产。注意发展私募股权投资，努力促进股权融资。稳步推进汇率形成机制改革和资本项目可兑换，保持人民币汇率在合理均衡水平上的基本稳定。此外，巩固防范金融风险虽已取得显著成果，但完善金融预警机制和应急机制，筑牢不发生系统性金融风险的底线，是中国稳健货币政策的历史使命和职责所在。

“浩渺行无极，扬帆但信风。”对于一个拥有近14亿人口的发展中大国而言，中国把自己的金融事情办好了，对世界而言就是贡献。中国经济具有持续稳定增长的韧劲，不惧料峭春寒，经得起风浪考验，必将继续为世界金融的稳定、健康、持续发展注入新动能。

说到这里，“金九银十”的金融，为什么讨人喜欢?

现在我们应该明白了吧：因为它从未变得空旷萧条，也从未改变过丰腴厚重的景象……

015 数字货币，中国为何要勇立潮头

货币一旦数字虚拟，文学描写中的那种万贯家财场景，可能戛然而止。对多数人来说，数字货币还是一个并不清晰的概念。目前能够定义为货币的，有几样东西？第一个是纸币，第二个是硬币，第三个是金银币，第四个是纪念币，第五个是数字货币。而当前最不确定也最为复杂的是“数字货币”，其他的几个货币形态，基本上都有着非常明确的概念和使用边界。

有人问我：在中美贸易战这个时点，推出数字货币，不怕人家说闲话？

我哈哈一笑，我说我现在担心的是，货币一旦数字虚拟，文学作品中的那种万贯家财场景，可能戛然而止。

如，元·郑廷玉《布袋和尚忍字记》第二折："我见他家私里外，倒也着意，将这万贯家财都与他掌管着。"

《儿女英雄传》第五回："不怕你腰缠万贯，落了店都是店家的干系，用不着客人自己费心。"

李準《不能走那条路》："他借钱他就借，只要他有钱！哪怕他借给人家万贯江山哩！"

不是吗？

人们只要稍加注意，数字货币已经紧锣密鼓悄然而起。2019年7月，美国国会在半个月内连续召开了3场数字货币专场听证会，试图率先建立数字货币领导力。而在这个时刻，8月中共中央、国务院在《关于支持深圳建设中国特色社会主义先行示范区的意见》中，提出支持在深圳开展数字货币研究与移动支付等创新应用。同时，央行对外发布的2019年下半年工作中，也明确要加快推进我国法定数字货币（DC/EP）研发步伐。

不过，当下百姓，可能还没感受到央行数字货币的浪潮，但在全球媒体眼里，中国数字货币将引领一场世界金融变革，可谓是对世界一个新的创举。《中国日报》报道，中国正在测试推出首款央行数字货币。

专家们预测，如果一切顺利，中国政府支持的数字货币可能会比美国的天秤币官方发布时间更早。到目前为止，天秤币只是出了白皮书，而中国央行的数字货币研究所已经开始做落地试点了。彭博社这样跟进：中国将成为全球首个推出央行数字货币的主要经济体。

Bitcoinist：全球最大经济体之一正在努力建立自己的数字货币网络。

AMBCrypto：在广泛采用加密货币方面，中国已经占据有利地位。

TechNode：中国央行数字货币有利于人民币的国际化。

这么说来，人民币数字货币的脚步似乎越来越近。但对多数人来说，数字货币还是一个并不清晰的概念。我们知道，目前能够定义为货币的，有这几样东西：

第一个是纸币，第二个是硬币，第三个是金银币，第四个是纪念币，第五个是数字货币。而当前最不确定，也最为复杂的是“数字货币”，其他的几个货币形态，基本上都有着非常明确的概念和使用边界。

“君子爱财，取之有道”，那么这个数字货币是什么呢？

根据“科普中国”科学百科词条给出的定义，数字货币简称为DIGICCY，是英文“digital currency”的缩写，是电子货币形式的替代货币。数字金币和密码货币都属于数字货币。数字货币是一种不受管制的、数字化的货币，通常由开发者发行和管理，被特定虚拟社区的成员所接受和使用。所以，欧洲银行业管理局将虚拟货币定义为：价值的数字化表示，不由央行或当局发行，也不与法定货币挂钩，但由于为公众所接受，所以可作为支付手段，也可以电子形式转移、存储或交易。

说到这里，人们会发现，目前我们推进的是中国法定数字货币（DC/EP），与前面给出的定义显然有出入。这里的DC/EP是央行数字货币的英文简称，中国人民银行前行长周小川在2018年“金融改革与发展”记者会上，曾经这样解释道：DC，digital currency，是数字货币；EP，electronic payment，是电子支付。周小川当时强调，研究数字货币不是说让货币去实现某一种技术方案的应用，而是说本质上要追求零售支付系统的方便性、快捷性和低成本。

你看，理论家一开口，老百姓真的插不上话。

如此讲数字货币，可能许多人还是觉得云里雾里。所以，我得换个接地气的说法：DC/EP 其实就是数字化的人民币，或者干脆叫电子版人民币，说白了就是住在你手机里面的现金，无论是网购还是线下买东西，只要有手机就可以一键搞定。

《大学》里面有句话，用在数字货币头上一点不为过："德者本也，财者末也。"人们不免欲问，这跟支付宝与微信支付有什么区别呢?

应该说，它们之间的区别非常大，其中最本质的区别就是DC/EP是法定货币 + 电子货币 + 支付平台的结合体，这一点我们从它的简称就能看出来：DC=digital currency，是数字货币的意思；EP=electronic payment，则代表了电子支付。而微信、支付宝只是一个第三方支付平台，最后还是要找银行结算，并支付手续费。

《大学》里面还有一句话讲得好："仁者以财发身，不仁者以身发财。"当我们弄清数字货币概念后，有人不免有些担忧，特别是联想到这几年的比特币等，简直就是一场闹剧。其实，我们国家的数字货币，与这些加密货币完全是两码事。央行数字货币是具有国家信用、与法定货币等值的数字货币。

试问，央行数字货币的意义到底是什么?

中国近代政治家于右任提醒过："计利当计天下利，求名应求万世名。"意思就是在你衡量利益的时候，应看到更广阔的世界，以天下的利益为重；当你追求美名的时候，应看到更长远的时空，应想着流芳万世。

做人，不要只顾眼前的小名小利，能帮助多少人，能满足多少人的需求，就决定着能拥有多大的财富！时下我们提出的数字货币至少有三大优势：

*更有利于宏观经济调控。*我们都知道，传统纸币发行后，对它的流通基本上没有任何有效的监控手段，它干了什么、买了什么都无从得知。而数字货币能随时采集创造、计账、流动的数据，通过大数据分析，就能为货币投放、货币政策的制定与实施提供高价值的参考，简而言之，国家的宏观经济调控将变得更加精准高效。

*更为便捷可靠成本低。*从货币发展史来说，货币向低成本、可靠、便捷的方向发展是不可逆的趋势。我们不妨想想，从贝壳到银锭到纸币，钱的形态正变得越来越自由，那么纸币过后就必然是数字货币。有人说移动支付也很方便啊！但是在通信网络信号不好的地区，微信、支付宝是用不了的，最重要的是，它们只是第三方支付平台，钱需要在银行和平台之间倒来倒去，非常麻烦。集法定货币 + 电子货币 + 支付平台于一体的DC/EP就可以完美地解决所有问题。

*更加有效精准打击违法犯罪。*现有的支付手段可能相对容易伪造，并被用于洗钱和为恐怖主义融资。事实上，假币在我国是一个大问题。无论谁使用现在我国最大面额的100元人民币的钞票支付，通常钞票会立即被检查。央行数字货币一出世，毫无疑问假币的市场会越来越小，直至消失。此外，数字货币的交易信息可以被监控，那么传统纸币的匿名特性就不复存在了，这意味着洗钱、逃税、恐怖融资等犯罪行为的温床被打掉了。

由于央行数字货币有以上这些优势，这才使得中国政府急于去做好这项工作。美国彼得森国际经济研究所的金融科技和中国问题专家马丁·乔尔曾帕认为，中国加速研发数字货币是对美国脸书公司在2019年夏天宣布将在2020年向市场推出自己的加密货币天秤币作出的反应。乔尔曾帕说：“如果脸书没有宣布推出天秤币，中国人可能不会那么急。”

中国央行研究局局长王信也说：“天秤币让中国研发自己的数字货币变得更加紧迫，中国在电子支付方面起步很早，但需要做很多工作来巩固我们的领先地位。”他还说，天秤币可能会让世界受到美元和美国的支配。

德国科隆经济研究所金融市场专家马库斯·德马里说：“由美国公司控制的在全世界取得成功的数字货币对北京来说将是一场噩梦。”他还说，中国央行有意创造“电子元”，届时它将与金融机构和科技公司一起推出。

别忘记了，民间百姓有一句话：财富如同蜜蜂，当你成为花朵，散发出芳香的时候，蜜蜂自然就被你吸引来了！放大自己的格局，才能让自己成为灵魂有香气的花朵！中国有广阔的大市场，这是中国加快数字货币工作的重要基础。尤其随着我国数字付款方式不断扩大，也倒逼我们加快数字货币发展。如今在许多大城市，大多数人主要通过智能手机用微信或支付宝等支付费用。德意志银行全球交易业务首席分析师陈文雄认为，目前中国消费者完全依赖腾讯或阿里巴巴等非银行的数字支付系统，这原本不是问题，但是如果这些数字企业失败，消费者可能会对银行外的数字支付系统失去信心。而央行支持数字货币工作，无疑可以提高金融稳定水平。

可以肯定，对于数字货币这一新生事物，央行一直秉持谨慎态度，但在货币形态重大革命之际，央行正在加快研发进展。据了解，从2014年至今，央行数字货币（DC/EP）的研究已经进行了5年，正“呼之欲出”。在运营架构方面，据透露将采取“双层运营体系”。此外，央行数字货币研究所旗下公司也正在积极招纳技术良才。自2018年以来，研究人员以“996”工作模式加快推进。该模式是技术行业的流行说法，意思是指从早晨9点工作到晚上9点，每周工作6天。未来数字货币的雏形已经确立。

央行的数字货币到底是一个什么模样？

从央行数字货币看，加密资产的自然属性就是去中心化，但央行数字货币一定要坚持中心化的管理模式。具体来说，央行数字货币既可以像现金一样易于流通，有利于人民币的流通和国际化，同时又可以实现可控匿名，我们要在保证交易双方是匿名的同时保证“三反”（反洗钱、反恐怖融资、反逃税），这两者之间要取得平衡。具体地说：从央行数字货币的发行来看，它采取的是双层运营体系，也就是央行先把数字货币兑换给银行或者其他运营机构，再由这些机构兑换给公众。

杜甫在《贫交行》中，有一句很有意思的话：“君不见管鲍贫时交，此道今人弃如土。”在这里，单层运营体系，是指央行直接对公众发行数字货币。双层运营体系，则是指央行先把数字货币兑换给银行或其他运营机构，再由这些机构兑换给公众。

显然，双层运营体系首先是符合中国的国情，并且有助于化解风险，避免风险过度集中以及金融脱媒的问题。简单地说，就是央行做上层，商业银行做第二层，这种双重投放体系，既能利用现有资源调动商业银行积极性，也能够顺利提升数字货币的被接受程度。

其次双层运营体系，不会改变流通中货币债权债务关系。因为为了保证央行数字货币不超发，商业机构需要向央行全额缴纳准备金，央行数字货币依然是中央银行负债，由中央银行信用担保，具有无限法偿性。

值得一提的是，央行研发的法定数字货币主要目的是实现M0（流通中现金）替代。也就是说，用央行数字货币再去做一次M1（狭义货币）、M2（广义货币）的替代，无助于提高支付效率，且会对现有的系统和资源造成巨大浪费。相比之下，现有的M0容易匿名伪造，存在用于洗钱、恐怖融资等的风险。

另外，电子支付工具，比如银行卡和互联网支付，基于现有银行账户紧耦合的模式，公众对匿名支付的需求又不能完全满足，所以电子支付工具无法完全替代M0。特别是在账户服务和通信网络覆盖不佳的地区，民众对于现钞依赖程度还是比较高的。所以央行DC/EP的设计，保持了现钞的属性和主要特征，也满足了便携和匿名的需求，是替代现钞比较好的工具。

——对于是否采用区块链技术的问题，央行层面将保持技术中性，不预设技术路线，不一定依赖某一种技术路线。但对清算机构肯定会有影响。

唐朝诗人张谓说道：“世人结交须黄金，黄金不多交不深。”人们知道，央行数字货币研究的进程已经持续了5年，但资深金融分析师指出，2018年是大力加速的一年。“央行受到一些外力影响，在过去一年加班加点研发数字货币。”2019年6月，中国央行数字货币研究所一个月内公布了4项专利申报，而到2020年9月，央行总计申请了49项法定数字货币专利。

所以，央行在2019年下半年需重点做好的工作安排中也提到加快法定数字货币研究计划。央行提出，加快推进我国法定数字货币研发步伐，跟踪研究国内外虚拟货币发展趋势，继续加强互联网金融风险整治。

在分析人士看来，央行数字货币的研发和落地将对现有清算机构造成一定的冲击。CF40常务理事、中国银联股份有限公司董事长邵伏军直言：“银联作为一家支付清算机构，我们真正关心数字货币出现以后，数字货币得到大量运用，支付清算机构还在不在？支付清算机构在里面是什么样的角色？说实话这是对我们最大的挑战，也是我们最关注的问题。”

他提到：“从商业数字货币角度来看，整个交易下来对转结清算机构是颠覆性的变革，我们目前看不到商业银行，看不到商业银行的账户，看不到转结清算机构在其中起什么作用，也有可能就没了。从法定数字货币这个角度来看，是不是也要考虑与现有电子支付体系怎么衔接?”

易观金融行业资深分析师王蓬博也表示，央行的数字货币研究对现有的体系会进行一定的补充和完善，但同时技术的深入研究和落地会对清算机构造成一定冲击。“原有的支付与清算机构强相关的关系被新技术打破，这导致清算机构在中间的作用可能就没有那么高了。”

——央行数字货币一定会加载有利于货币职能的智能合约，但对于超过货币职能的智能合约还是会保持比较审慎的态度。

《红楼梦》第五十七回中云：“万两黄金容易得，知心一个也难求。”因为央行数字货币所具有的货币职能（交易媒介、价值储藏、计账单位）决定其如果加载了超出其货币职能的智能合约，就会使其退化成有价票证，降低可使用程度，会对人民币国际化产生不利影响。

这里值得一提的是，有专家分析认为，央行数字货币将采取双层运营体系，在这个体系下也存在两种情况。一种情况是在央行、商业银行双层投放体系下，区块链覆盖数字货币的发行以及流通的全过程，整个交易的转结由区块链网络协议直接完成。这将摒弃支付清算机构，同时转结的支付机构也被边缘化。

另一种情况是，在双层运营体系中，代理发行机构发行数字货币设置自己的标识，比如工行发行有工行的标识，农行有农行的标识，支付清算机构对现有的网络进行改造以支持数字货币的转结清算，通过向央行缴纳准备金获得数字货币的发行量，发行的数字货币成为代理投放机构的负债。这种情况类似于现有的银行账户体系中，多一个数字货币的账户。

从技术手段上，双层运营体系需建立一个连接各家银行数字货币支付转结的区块链网络，这时数字货币账户发生跨行交易，支付清算机构可以对发行机构最终使用者的结算金额进行记录，而转结清算机构能够发挥作用，在里面找到角色。

届时将应用于什么样的场景呢?

按照目前状况判断，央行数字货币或将更多用于零售业务。北京师范大学金融研究中心主任钟伟表示，数字货币主要针对的是个人，主要针对的是零售。它对批发、对机构、对大额实时交易的影响几乎是没有的。

央行数字货币研究所所长穆长春表示，现阶段央行数字货币设计注重M0（纸钞和硬币）的替代。在设计上，保持了现钞的属性和主要特征，也满足了便携和匿名的需求。

在发行和流通环节，根据央行数字货币研究项目组介绍，未来数字货币的运送方式也从纸币的物理运送变成了电子运送。

说到这里，诗人杜牧提醒道:“莫言名与利，名利是身仇。”数字货币存储在云计算空间，因此，法定数字货币发行和回笼的安全程度、效率会极大提高。而对于普通百姓来说，未来到银行取钱时，既可以选择兑换实物现金，也可以选择兑换数字货币。

穆长春称，“央行数字货币必须有高扩展性、高并发的性能，它是用于小额零售高频的业务场景”。而且为了引导央行数字货币用于小额零售场景，不对存款产生挤出效应，避免套利和压力环境下的顺周期效应，央行数字货币还可以根据不同级别钱包设定交易限额和余额限额。

穆长春介绍，央行法定数字货币是M0替代，如果要达到零售级别，高并发是绕不过去的一个问题。“去年双十一时，网联的交易峰值达到了92771笔/秒，相比较而言，比特币是每秒7笔，以太坊是每秒10笔到20笔，Libra根据它刚发的白皮书，每秒1000笔。”

中钞区块链技术研究院院长张一锋表示，“在可预见的未来，数字货币将由以国家主权信用做背书的中央银行发行，这是货币几千年发展历史里一个进化的结果”。

我相信，“我命由我不由天”。

数字货币作为技术活，许多话我必须借助专家之口，以提高文章的权威性。但目前各项技术准备，可谓万事俱备，只欠落地的东风。庆幸的是，不久前下发的支持深圳建设中国特色社会主义先行示范区的文件里，一条数字货币的指导意见赫然入目：支持深圳开展数字货币研究与移动支付等创新应用。

我们都知道，深圳年轻人多，在移动支付方面具备非常好的用户和技术基础。这个消息一出，意味着深圳成了央行的数字货币第一块“试验田”，同时也是“第一个吃螃蟹”的城市。

所以，凭借着深圳和大湾区国际贸易、航运和科技产业的巨大国际影响力，央行数字货币将在这里发挥出巨大威力，直接带动人民币国际化。而从国家战略层面来说，法定数字货币事关我国能否在数字经济时代取得国际竞争的优势。特别是随着世界各国相继开进战场，数字货币可谓已经进入了大国博弈的时代。

再一次祝福，中国直接宣布数字货币即将在深圳落地试验，这意味着中美又将在这个领域展开激烈竞争。但不管怎么说，我们得先给国家的进取与创新点一个大大的赞，希望我们在这场没有硝烟的战场上勇立潮头，一马当先！

016 资本市场何成实体经济晴雨表

中国资本市场如何与当下稳中求进的经济相匹配？未来中国资本市场急需解决的最重要问题，就是功能如何转化。这就是说，A股市场，如何从一个筹资功能的市场逐渐向投资功能的市场转变，加强分红。同时，对于那些难以做好的上市公司，尽快建立退市机制，实现优胜劣汰。

“苟日新，日日新，又日新。”

2020年是具有里程碑意义的一年，我们将全面建成小康社会，实现第一个百年奋斗目标。这既是决胜期，也是攻坚期。在这个高光时刻，中国资本市场，如何与当下稳中求进的经济相匹配？

也就是说，中国资本市场，何时能真正成为实体经济的晴雨表？

这个时候提出这个问题，主要来自两个方面的考量：

一个是2019年2月22日，习近平总书记在中共中央政治局第十三次集体学习时提出：中国亟待“建设一个规范、透明、开放、有活力、有韧性的资本市场，完善资本市场基础性制度，把好市场入口和市场出口两道关，加强对交易的全程监管”。

一个是2019年12月28日，第十三届全国人大常委会第十五次会议审议通过了修订后的《证券法》。本次修订，是证券法颁布实施20年来的第二次全面修订，成为我国资本市场向市场化、法治化、国际化方向迈进的重要一步。

站在历史的交汇点，这也是中国资本市场初心的要求。人们知道，资本市场是金融市场的重要组成部分。作为与货币市场相对应的理论概念，资本市场通常是指进行中长期（一年以上）资金（或资产）借贷融通活动的市场。由于在长期金融活动中，涉及资金期限长、风险大，具有长期较稳定收入，类似于资本投入，故称之为资本市场。

本质上，资本就是财富。这时资本市场上主要是两类人，一类是寻找资本的人；一类是提供资本的人，也就是希望通过借出或者购买资产进而牟利的人。这时市场通常又由卖方和买方构成。

说到这里，人们会眼睛一亮，我们证券市场中的股票、债券、投资基金等有价证券发行，原来它就是资本市场的主要部分和典型形态。

不是吗?

寻找到资本市场初心，未来中国资本市场急需解决的最重要问题，就是功能如何转化。

这就是说A股市场，如何从一个筹资功能的市场逐渐向投资功能的市场转变，加强分红。同时，对于那些难以做好的上市公司，尽快建立退市机制，实现优胜劣汰。

也许，只有资本市场具备了投资功能，养老金才能入市。

“行至半山不停步，船到中流当奋楫。”时至2019年岁末2020年初，历时4年多、历经全国人大常委会4次审议后，《证券法》终于完成大修。

此时，新《证券法》直击资本市场焦点问题，在证券发行制度、投资者保护、法律责任等方面进行了完善。证券市场基础性制度的进一步完善，对资本市场改革发展将产生深远影响。

亮点之一：正式将注册制制度化。

注册制是此次《证券法》修改的一个重要内容。这次修改后的《证券法》在总结上海证券交易所设立科创板并试点注册制的经验基础上，按照全面推行注册制的基本定位，对证券发行注册制作了比较系统完备的规定。

精简优化了证券发行的条件。将现行《证券法》规定的公开发行股票应当“具有持续盈利能力”的要求改为“具有持续经营能力”。还比如，在债券公开发行方面，取消了公开发行债券要求公司有净资产的数额标准。

调整了证券发行的程序。在明确规定国务院证券监督管理机构，或者国务院授权的部门作为法定的注册机关这样一个基础上，取消了发行审核委员会制度，并明确证券交易所等机构可以按照规定对证券发行的申请进行审核。同时，授权国务院规定证券公开发行注册的具体办法。

强化了证券发行中的信息披露。新《证券法》专设一章，对信息披露作了系统规定。

新《证券法》规定，证券发行注册制的具体范围、实施步骤由国务院规定，这为注册制的分步实施留出制度空间。

亮点之二：正式将投资者合法权益的保护法制化。

维护投资者合法权益是资本市场健康稳定发展的重要基础。这次修改突出强调投资者保护，特别是就中小投资者的权益保护这一主线，进行了制度设计。

新《证券法》专章规定投资者保护制度，作出了许多颇有亮点的安排。包括：区分普通投资者和专业投资者，有针对性地作出投资者权益保护安排；建立征集股东权利制度，允许特定主体公开请求上市公司股东委托其代为出席股东大会，并代为行使提案权、表决权等股东权利；规定债券持有人会议和债券受托管理人制度；建立普通投资者与证券公司纠纷的强制调解制度；完善上市公司现金分红制度。

修订后的《证券法》还探索建立了符合中国国情的证券民事诉讼制度。这次修订既规范发行人、中介机构等市场主体行为，又规范证券发行、上市、交易、退市各个环节，完善信息披露制度，依法加强监管，加大对证券违法行为的惩处力度，着力构建更加有力的投资者权益保护机制。

亮点之三：正式将证券领域违法行为高成本化。

这次修改的《证券法》法律责任一章，应该是所有章节中条文最多的，目的就是要更严厉地打击证券市场违法行为，提高违法行为成本，努力营造一个风清气正的市场环境，严厉震慑违法行为人。

新《证券法》针对虚假陈述、内幕交易、操纵市场等违法行为，都大幅度提高了行政处罚力度。

同时，新《证券法》完善了证券市场的禁入制度，扩大了禁入范围。被禁入的违法行为人除了不能从事证券业务，不得担任上市公司董监高之外，还增加了规定，明确一定期限直至终身不得在证券交易所进行证券交易。

莫非“苔花如米小，也学牡丹开”。从新《证券法》，我们再回头看看，近年来中国金融和资本市场还推出了不少改革开放举措，其中一些是具有突破意义的举措，比如科创板实行注册制。在完善利率价格形成机制方面，LPR推进了利率市场化。

我们用汗水浇灌收获，以实干笃定前行。在目前外部环境复杂、压力较大的情况下，资本市场推进的各项改革起到了激发经济活力，改革预期让市场出现了向好的转机，虽然一些举措仍有进一步改进的空间，只要我们坚持按新《证券法》的指引，不断改革开放，就能够度过经济最困难的时刻，使得未来值得期待。

为何这么说？因为中国资本市场具备了这样的发展条件和基础。

——唯其艰难，才更显勇毅。从目前中国上市公司情况看，资本市场已经开始移步至实体经济的晴雨表区间。

经过30多年的发展，我国资本市场从无到有、从小到大，实现了跨越式发展，资本市场的规模、深度、包容性也在不断拓展，进一步提升了资本市场的适应性、竞争性和普惠性。

拿刚刚过去的2019年来说，上市公司已经占到整个实体盘很重要的部分，而且是实体盘中最真实、最规范的部分，此时，上市公司质量多少还是能够代表整体实体经济的质量。

这就是说，3700多家上市公司所代表的中国经济的“成分指数”，整体上反映了宏观经济稳中向好的态势。

证监会相关数据显示，截至2019年11月末，境内上市公司共3751家，位居世界第三；总市值约55万亿元，仅次于美国股市。上市公司涵盖了国民经济全部90个行业大类，数量占国内500强企业的七成以上。

2019年三季度，实体上市公司利润总额相当于同期全国规模以上工业企业的50%，上市公司盈利水平明显高于全国工业企业平均水平。

资本市场日渐成为并购重组的主渠道、存量盘活的主战场，上市公司也发挥了经济发展动能的“转换器”作用。

而2018年，上市公司并购重组交易金额2.56万亿元，约占国内并购总量的60%，跃居世界第二大并购市场。2019年1至11月，上市公司并购重组交易金额1.65万亿元。截至2019年11月末，战略性新兴产业上市公司1570家，占全部上市公司的41.9%。

2019年前三季度，实体上市公司研发投入4690亿元，研发强度同比上升超一成，科创板上市公司净利润同比增长40.3%，集成电路、生物医药、新能源等行业成为板块业绩增长的中坚力量。

近年来，我国上市公司回报投资者水平持续提高，现金分红企业数量和规模逐年提高，上市公司已成为投资者分享经济增长红利的“新渠道”。2019年截至11月末，有2620家上市公司实施现金分红共1.2万亿元，已超过2018年全年现金分红总额；517家公司实施股份回购，回购金额826亿元；股息率2.07%，已与标普500指数、道琼斯工业指数大体相当，达到发达资本市场现金分红水平。

或许，只有建立合理的市场估值体系，市场才能发挥作用。考虑我国资本市场仍处于“新型”加“转轨”阶段，合理的市场估值体系尚未完全建立，市场在资源配置中的决定性作用也没有完全发挥，但整体形势目前已出现“转折性”变化趋势。

——唯其笃行，才弥足珍贵。从目前资本市场发展环境看，有效市场监管对实体经济晴雨表的功能发挥将指日可待。

没错，2019年以来，证监会一系列重大改革措施陆续出台，市场工具进一步释放，其意即为恢复市场的本来面貌，发挥市场的功能。

如，10月18日并购重组新规落地；11月8日，证监会启动再融资改革；境内分拆上市政策正式发布实施；持续深化市场化改革，切实贯彻“放管服”理念。

资本市场是信息市场，信息披露是命脉所在。说到强监管，特别是信息披露和公司治理的监管，要深入到公司里头、后面去探寻原因。对外部的投资者是信息披露，对上市公司内部则是治理的规范性。

还有，发挥科创板试验田作用，形成可复制可推广的经验，亦是中国近年来一项极为重要的任务。

科创板建立了以信息披露为核心的证券发行注册制，同时在股权激励、同股不同权公司治理、并购重组、退市等方面建立了适应科创企业特点的制度创新，为下一步形成可复制、可推广的经验打下了坚实基础。

你看看，踏平坎坷成大道，斗罢艰险又出发。

资本市场再也不能游离实体经济之外，必须尽快担当起实体经济晴雨表的责任，在新《证券法》的指引下，运用新发展理念，实施三大攻坚战，实现逆周期宏观调控。就像2019年12月12日闭幕的中央经济工作会议，就2020年资本市场改革吹响了冲锋号，提出尽快完善资本市场基础制度、提高上市公司质量、健全退出机制、稳步推进创业板和新三板改革等四项重点任务。

所以，面对严峻复杂的国内外形势，我们究竟如何去抓好落实?

2019年12月17日，笔者参加了第十一届卓越竞争力金融峰会，遇见中国证监会公司债券监管部负责人，我们就深化资本市场改革进行了深入探讨。

*——要不管春秋，沐雨经霜，加快推进资本市场改革落实落地。*就是紧扣深化金融供给侧结构性改革的主线，加快推进资本市场全面深化改革落实落地。

提升资本市场治理能力。抓紧研究资本市场基础制度的内涵、外延以及改革的思路举措，努力构建更加成熟、更加定型的资本市场基础制度体系，不断提升资本市场治理能力。

健全多层次资本市场体系。坚守科创板定位，加快推进创业板改革并试点注册制，深化新三板改革，促进健全具有高度适应性、竞争力、普惠性的多层次资本市场体系。

切实发挥“晴雨表”功能。综合施策，提高上市公司质量，完善推动上市公司“做优做强”的制度安排，畅通多元化退市渠道，更好地发挥资本市场的“晴雨表”功能。

推动更多中长期资金入市。在融资端加强改革的同时，在投资端采取更多措施，推动完善中长期资金入市的制度安排，优化投资者合法权益保护的制度体系。

努力化解重点领域风险。就是要落实中央“六稳”方针，按照“稳定大局、统筹协调、分类施策、精准拆弹”原则，强化对股票质押等重点领域风险的防范化解，努力维护资本市场平稳运行，坚决打好防范化解重大金融风险“攻坚战”。

加快推进资本市场高水平开放。积极有效应对国内外各类风险挑战，办好资本市场自己的事，坚定推进资本市场对内对外双向开放，加强开放条件下的监管能力建设，确保放得开、看得清、管得住。

*——要不惧耕耘，力行致远，深化监管改革提升上市公司监管效能。*提高上市公司质量是全面深化资本市场改革的重点工程，也是检验改革成效的重要标准。

增量入口改革。科创板试点注册制平稳开局，以信息披露为核心的持续监管制度、机制，为今后注册制下的上市公司日常监管转型积累了宝贵经验。

存量出口改革。自2019年以来，通过多种渠道实现退市18家：其中，主动退市1家，以面值退市为主强制退市9家，以重组出清资产方式退市8家，退市企业数创近年之最。退市本身不是目标，而是盘活资源、倒逼改革的有效手段。

退市制度改革。建立了净利润+主营业务收入的综合类退市指标。这意味着过去濒临退市的公司靠卖房、卖资产、财政补贴等非经常性损益，简单拼凑甚至虚构利润保壳，将成为历史。

基础制度改革。推进上市公司停复牌改革以来，两市停牌公司家数稳定在20家之内，最低时仅为8家，停牌率不超过0.5%，位居世界前列。下一步要深化并购重组市场化改革，修订发布重组办法，优化重组上市认定标准，允许创业板重组上市，恢复重组上市配套融资功能，更好地发挥市场吐故纳新，提高质量功能。

监管方式改革。按照“管少管精才能管好”、精准监管、科学监管的要求，将分类监管作为加强上市公司监管的基本方法。开展“公司治理专项活动”，以上市公司控股股东、实际控制人以及董监高等“关键少数”为重点，推动自查自纠，解决大股东高比例质押、资金占用、违规担保等公司治理的痛点问题。

*——要不畏艰险，披荆斩棘，努力打造上市公司高质量发展的良好生态。*资本市场是一个生态体系，提高上市公司质量需要各方共同努力、齐抓共管，创建良好生态。

与相关部门形成政策协同。自2019年以来，围绕上市公司发展，外部协同收到良好效果，监管效力和效率均得到很大提升。如，最高人民法院对上市公司为他人提供担保的效力问题提出了明确要求，为从源头上遏制上市公司违规担保创造了条件。又如，为化解大股东股票质押风险，一行两会在金融委的统一指导下，各方协作力度不断加大，开创了良好局面。

督促中介机构归位尽责。以信息披露为核心，多措并举压实保荐承销、审计评估、法律服务等中介机构责任，对于执业过程中未能勤勉尽责，甚至与上市公司等相关主体串通违规的实行一案双查，大幅提高违法违规成本，督促资本市场“看门人”归位尽责。

发挥媒体的沟通监督效能。资本市场是“信息＋信心”的市场，在提高上市公司质量的过程中，优化舆论环境无疑相当重要。应该让更多媒体关注上市公司的市场行为，发挥舆论监督作用。

此外，还要引导市场各方诚信守诺，彰显投资信心。对于通过“忽悠式”回购炒作公司股价或进行内幕交易，损害投资者利益的行为，监管部门应予以高度关注和警示，对于违法违规行为进行严厉查处，以维护良好的市场信誉环境和公平交易环境。

新的一年，中国资本市场改革值得我们期待。特别是新《证券法》获得通过，标志着中国资本市场在市场化、法治化道路上又迈出了至关重要的一步。作为资本市场的根本法，各方期待完成大修的《证券法》给市场生态带来深刻变化，更好地护航资本市场改革发展。

与此同时，资本市场将面临更多的改革开放机会，特别是中美可能协商加快市场开放步伐。笔者认为，中国在未来5年中将处在一个新旧结构转换过程中，很多资产非常具有吸引力，将吸引大量外资流入。

“天时人事日相催，冬至阳生春又来。”那好吧，让我们以奋斗者的姿态，只争朝夕，不负韶华，再平凡的日子也能旖旎成诗，再遥远的梦想也将春暖花开，共同拥抱资本市场真正成为实体经济晴雨表那一刻的到来。

017 民间借贷：面对“月亮与六便士”

这几年来，民间借贷一直处于舆论的风口浪尖，每每提及，总是伴随着风险、违约、跑路、维权等负面词汇，伤害了很多投资人的利益，也在广大百姓中造成了不良影响。在经历了一个风险事件频发的时期之后，民间借贷又走到了十字路口，酷似在“月亮与六便士”中进行新的选择。

“满地都是六便士，他却抬头看见了月亮。”

毛姆的百年世界经典小说《月亮与六便士》，描绘了证券经纪人查尔斯·斯特里克兰德，人到中年，事业有成，为了追求内心隐秘的绘画梦想，突然抛妻别子，弃家出走。在经历种种离奇遭遇后，他来到南太平洋的一座孤岛，同当地一位姑娘结婚生子，成功创作出一系列惊世杰作。就在此时，他被绝症和双目失明击倒，临死之前，他做出了让所有人震惊的决定……

作品字里行间无时无刻不在“月亮与六便士”之间做着取舍，是追求心中那崇高的月亮，还是苟且在卑微的六便士温饱的生活里？

这几年来，民间借贷一直处于舆论的风口浪尖。每每提及，总是伴随着风险、违约、跑路、维权等负面词汇，伤害了很多投资人的利益，也在广大百姓中造成了不良影响。在经历了一段风险事件频发时期之后，民间借贷已走到了命运的十字路口，酷似在“月亮与六便士”中进行新的选择。

民间借贷，是一种广泛存在的民间金融活动。为了把好事做好，新修订的《最高人民法院关于审理民间借贷案件适用法律若干问题的规定》（以下简称《规定》）于2020年8月20日起正式实施。《规定》修改完善民间借贷司法解释，大幅度降低民间借贷利率的司法保护上限。《规定》以中国人民银行授权全国银行间同业拆借中心每月20日发布的一年期贷款市场报价利率（LPR）的4倍为标准确定民间借贷利率的司法保护上限，取代原规定中“以24%和36%为基准”的两域三区的规定，旨在促进民间借贷利率逐步与中国经济社会发展的实际水平相适应。

说到这里人们欲问的是，为何要大幅度降低民间借贷利率的司法保护上限呢？

这是因为，近几年每年约有200万件民间借贷纠纷案件涌入人民法院，在目前法律或者行政法规没有专门规范民间借贷利率标准，人民法院又不能“拒绝裁判”的情况下，如何划定利率的司法保护上限，是人民法院公平公正处理民间借贷案件的前提条件。

加之民间借贷与中小微企业有着千丝万缕的联系，降低中小微企业的融资成本，引导整体市场利率下行，是当前恢复经济和保市场主体的重要举措。如果当事人约定的利息过高，不仅会导致债务人履约困难，还可能引发其他社会问题和道德风险，所以世界上绝大多数国家都设置了利率保护的上限。

此时，民间借贷作为国家正规金融的有益补充，是我国多层次金融市场的有机组成部分，更是中小微企业的重要融资方式，那么对其规范与保护，就得紧密结合当前经济形势与社会发展背景。

自改革开放以来，我国经济增长格局建立起以消费、投资、外贸三驾马车相结合的发展模式。通过发展劳动密集型加工制造业，中国参与全球经济大循环。特别是2001年加入WTO后，依靠丰富的劳动力资源，迅速成为世界工厂。2008年全球金融危机爆发后，外贸依存度过高的国际国内循环发展模式弊端暴露，凸显了扩大内需的重要意义。2012年党的十八大提出要推进经济结构战略性调整，要牢牢把握扩大内需的战略基点。根据国家统计局数据，2019年我国国内生产总值990865.1亿元，货物进出口总额315504.75亿元，外贸依存度为31.8%，相较于2012年的

45.2%回落了13.4个百分点。

在全球新冠肺炎疫情影响下，国际政治经济局势日益复杂，中央提出要“加快形成以国内大循环为主体、国内国际双循环相互促进的新发展格局”。在这样的形势下，对国内经济传统发展模式进行重要战略调整，强化和提升国内循环体系，是应对严峻的国内外形势的科学选择。

2020年7月30日召开的中共中央政治局会议明确指出要将“以国内大循环为主体、国内国际双循环相互促进的新发展格局”作为中长期发展战略方向，统筹疫情防控和经济社会发展，坚持以供给侧结构性改革为主线，牢牢把握扩大内需这个战略基点，大力保护和激发市场主体活力。其中中小微企业尤为值得关注和支持，这对于全面落实“六保”促“六稳”具有十分重要的意义。

说了这么多，让我们回过头来读毛姆的小说，发现只要读上几页，你就会有继续看下去的冲动，故事内容起伏波折，引人入胜。斯特里克兰德是一名证券经纪人，他的工作没有什么波折，每天按部就班地上下班，他有一个和谐美满的家庭，由于他太太喜欢绘画和文学，所结交的朋友们有很多是文学家和画家，耳濡目染之下，他发现自己爱上了绘画，开始厌烦他眼下平淡的生活。

这时，可能有人会问，为什么早不调晚不调，这个时候来调整民间借贷司法保护的上限？我想，或许可以从三个维度把握。

*——经济发展的要求。*一边我国经济发展模式由高速度向高质量转变，金融和资本市场需要为实体经济服务。民间借贷作为民间金融的重要组成部分，要保持宏观政策与经济运行相匹配，民间借贷利率司法上限不宜过度高于实体经济的利润率。

一边民间借贷作为正规金融的重要补充，降低民间借贷利率的司法保护上限有助于引导和规范民间借贷融资成本的降低，将民间资金导入实体经济，助推金融脱虚向实，纾解在新冠肺炎疫情严重冲击下中小微企业的经营困难，有利于民营经济的尽快恢复与地方社会治理的稳定。

——*金融风险防范的要求。*民间借贷虽是正规金融的重要补充，但并未直接纳入金融监管中，风险不低，借款方恶意逃废债与出借方不断提高利率，乃至高利放贷的情况并不鲜见。

而过高的保护利率会催生影子银行的规模增大，甚至可能引发资产泡沫，诱发系统性金融风险。究其根本在于，民间借贷虽是体外资金循环，但在民间金融链条断裂时，正规金融体系中的资金会被用来救市，故民间金融也会产生不良贷款，给整个金融体系的稳定带来负面影响。

——*落实《民法典》的要求。*民间借贷利率是民间借贷合同中当事人意思自治与国家干预的重要边界。《民法典》第六百八十条第一款规定：“禁止高利放贷，借款的利率不得违反国家有关规定。”根据《中国人民银行关于取缔地下钱庄及打击高利贷行为的通知》，超过中国人民银行公布的金融机构同期、同档次贷款利率（不含浮动）的4倍应界定为高利借贷。

《民法典》的落实应做到“法”“规”衔接，环环相扣，《规定》对利率保护上限调整为以中国人民银行授权全国银行间同业拆借中心每月发布的1年期LPR的4倍为限，与中国人民银行发布对高利借贷的规范进行了有效衔接。

正如鱼和熊掌不可兼得，毛姆在书中是这样描绘的：终于有一天斯特里克兰德不辞而别，离开了他的妻儿，去了巴黎，改行学习画画。日子过得很是紧巴，好在有好友施特略夫觉得他是个天才，特别照顾他，在生活上提供了很大的帮助，在他病了的时候无微不至地照顾他。可是后来的事情完全出乎了施特略夫的意料，斯特里克兰德把施特略夫太太变成了情人，这把施特略夫气得不行，他原以为妻子会回心转意，没曾想后来妻子喝草酸自杀了。此后，他悲痛欲绝地回到了荷兰。

为天上的月亮神魂颠倒，对脚下的六便士视而不见。这似乎在暗示我们，应怎样正确把握好民间借贷这一问题。

问题一：对民间借贷利率的司法保护上限是不是越低越好？

利率保护上限的下调也不宜过快过大。民间借贷是一个非正规金融市场，应该尊重金融规律的作用。这就是说，调整法律保护的利率水平，应该努力在降低小微企业的融资成本和保护民间借贷的积极性之间求得平衡。

同时，民间借贷作为国家正规金融的有益补充，既需要规范，也需要保护。面对当前复杂严峻的经济形势，特别是在加快形成以国内大循环为主体、国内国际双循环相互促进的新发展格局之下，民间借贷市场的规模和范围仍将稳步增长。我们要牢牢把握扩大内需这个战略基点，大力保护和激发市场主体活力，推动经济高质量发展，扎实做好“六稳”工作，全面落实“六保”任务，为统筹疫情防控和经济社会发展工作提供更加有力的司法服务和保障。

问题二：对于民间借贷，如何限制“职业放贷人”和高利转贷？

近几年来，非法放贷、套路贷、校园贷等时有出现，因P2P网贷引发的社会问题层出不穷，扰乱了金融秩序和社会秩序，也在一定程度上损害了实体经济。一些网贷平台资金链断裂，导致不少投资者遭受损失，引发了诸多社会问题。

尤其是近几年来，随着民间借贷的迅速发展，放贷人的职业化倾向越来越明显，出现了所谓“职业放贷人”。社会各界对于以“民间借贷”为名，未经金融监管部门批准而面向社会公众发放贷款的行为意见较大。对此，《规定》在人民法院认定借贷合同无效的五种情形中增加了一种，即第十四条第三项“未依法取得放贷资格的出借人，以营利为目的向社会不特定对象提供借款的”应当认定为无效。

还有，要严格限制转贷行为，即有的企业从银行贷款后再转贷，特别是少数国有企业从银行获得贷款后转手从事贷款通道业务，违背了金融服务实体经济的价值导向。

所以，《规定》对原司法解释第十四条第一项“套取金融机构信贷资金又高利转贷给借款人，且借款人事先知道或者应当知道的”合同无效情形，修改为《规定》第十四条第一项“套取金融机构贷款转贷的”，进一步强化了司法助推金融服务实体经济的鲜明态度。

问题三：如何调整民间借贷司法保护上限的分界点？

《规定》第三十二条第一款规定：“本规定施行后，人民法院新受理的一审民间借贷纠纷案件，适用本规定。”这表明即便民间借贷行为发生在《规定》施行前，但若借贷案件8月20日后由人民法院受理，则应适用调整后的《规定》内容。《规定》第三十二条第三款规定：“本规定施行后，最高人民法院以前作出的相关司法解释与本解释不一致的，以本解释为准。”表明对已经受理，但尚未审结的案件，仍应以新规为准。这些特殊之处与通常理解的“法不溯及既往”不同，在很大程度上体现了司法机关规范和统一民间借贷市场，遏制高利贷违法行为的决心和信心。

面对“六便士”放不下肉身，面对“月亮”又容不下灵魂。当我们的心找不到栖息的地方，也许到哪里都是在流浪。

毛姆在书中郑重告诫我们：这以后，斯特里克兰德逐渐受到人们的反感，他的画作也不受待见，最后他搭上了一条去往南太平洋的船只。到了塔希提岛，在那里他一下子找到了自我，一种自由自在的快感喷涌而出，他的绘画充满灵动感，诡异而异想天开。此后他与一个土著姑娘组建了家庭，后来他得了麻风病，依然没有停止画画，人类的杰作开始诞生。

好在，大数据胜于雄辩。

近年来，普惠金融在监管部门的强力推动下持续较快增长。截至2019年6月末，全国乡镇银行业金融机构覆盖率为95.65%，行政村基础金融服务覆盖率99.20%；全国小微企业贷款余额35.63万亿元，其中普惠型小微企业贷款（单户授信总额1000万元及以下的小微企业贷款）余额10.7万亿元，较年初增长14.27%。普惠金融的快速发展有助于改善民间借贷市场的资金供求关系。

近年来，市场贷款利率水平也在稳步下降，中国央行公布的一年期贷款基准利率已由2015年初的5.35%，逐步调降至2019年的4.35%。2019年的LPR改革，带动了贷款利率明显下行，为民间借贷利率水平下降创造了有利条件，提供了充足的空间。与此同时，伴随着金融科技和消费金融行业的发展，金融服务的可获得性得到了迅速提高，也有助于市场利率总体水平的下降。

尽管如此，降低民间借贷利率的司法保护上限，客观上会对持牌消费金融公司、网络贷款公司以及其他从事小额信贷业务的机构带来一定的影响。因为相对于民间借贷，金融机构的贷款利率受到更为严格的限制，监管要求较高；金融机构具有特许性且风险控制能力较强，市场往往不能接受金融机构贷款利率高于民间借贷的状况。同时，这类机构面对的是高风险的客户和市场，通常推行的贷款利率明显高于商业银行，在《规定》出台之前，大都是踩着民间借贷利率司法保护的上限来设置的。如果降低后的民间借贷利率司法保护上限适用于这些金融机构，它们可能将无法基于风险进行产品定价，也无法覆盖其成本，部分机构将无法持续经营，最终不得不退出市场。

在《月亮与六便士》的封面上，有句特别精准的话："月亮是崇高而不可及的梦想，六便士是为了生活不得不赚取的卑微收入，多少人只是胆怯地抬头看一眼月亮，又低头追逐赖以温饱的六便士。"这让我们的心情久久不能平静。

毛姆讲的故事里，藏着对生命意义的追问，“我从哪里来，我是谁，我要到哪里去”，引领我们去思索民间借贷的过去、现在和未来。

是的，在普惠金融领域，利率并非越低越好。较为有效的方法是不要让利率上限太过接近风险溢价。只有这样，才有可能有效降低成本，提供更有价值的普惠金融服务。

世界银行也指出，对本国利率水平采取某种形式的限制，是各国较为普遍的实践。

大幅降低民间借贷利率上限，可能导致民间借贷利率水平太接近风险溢价本身，超出市场承受能力而带来民间借贷市场资金供给趋紧，长尾客户借贷可得性明显降低；贷款机构可能重新分配小额贷款和大型商业信贷的比例关系，导致普惠金融需求难以有效得到满足；信贷供求关系偏紧后，市场实际利率反而有可能趋向抬升；民间资金需求在得不到满足后，有可能转向地下钱庄等非法借贷领域，刺激非法融资产生；部分从事普惠金融的持牌机构可能受到挤压，与其之前的高风险业务不匹配，导致其经营风险显露，带来市场风险隐患。

感谢毛姆的提醒：做自己最想做的事，在某种条件下，过一种让自己最开心的生活，让自己始终处于淡泊宁静之中，难道生活就会成了一团乱麻吗？而且，成为一名年收入一万英镑的著名外科医生，再娶上一个漂亮的太太，难道就是成功的标志吗？

我想这取决于你对民间借贷赋予什么意义，取决于你对民间借贷应尽什么义务，取决于你对自己有什么要求。

莫非，这正是我们很多人的做法，就像对待民间借贷，明明知道自己的理想很崇高，却很难迈出那一步，为了别人那些期待的眼神，割舍不了赖以温饱的六便士。

我想说的是，当我们的脑海中闪过必须要在“月亮”与“六便士”之间做一个选择时，真的希望更多人能遵从民间借贷的初心，而不应被眼前利益遮住双眼，寻找或唤醒民间借贷的诗和远方——

这是民间借贷的良知与善心。

是的，有人见尘埃，有人见星辰。在民间借贷这件事情上，我们真的要拿掉面具，好好学习毛姆笔下的查尔斯，终其一生去追逐星辰……

018 把长三角尽快建成“金三角”

这里的“金三角”，是指在长三角一体化发展的国家战略下，如何将上海建成国际金融中心这块真“金”，这无论对上海发挥龙头作用、长三角引领长江经济带发展，还是对中国经济转向高质量发展，无疑事关重大。这就要求我们通过三省一市的共同努力，打造功能互补、优势叠加、特色鲜明的长三角金融集聚生态圈，以此助推上海国际金融中心建设。

“江南莲花开，红光覆碧水。”这里的“金三角”，是指在长三角一体化发展的国家战略下，如何将上海建成国际金融中心这块真“金”。

这无论对上海发挥龙头作用、长三角引领长江经济带发展，还是对中国经济转向高质量发展，此时的上海能否尽快成为国际金融中心，无疑事关重大。

如果这个观点能得到认同的话，对中共中央、国务院为什么在2019年岁末，下发《长江三角洲区域一体化发展规划纲要》（以下简称《规划纲要》），就很好理解了。毕竟，当今世界面临百年未有之大变局，全球治理体系和国际秩序变革加速推进，世界新一轮科技革命和产业变革同我国经济优化升级交汇融合，为长三角一体化发展提供了良好的外部环境。

虽说时值冬日，仍是一股春风化雨。因为中国特色社会主义进入新时代，我国经济转向高质量发展阶段，对长三角一体化发展提出了更高要求。“一带一路”建设和长江经济带发展战略深入实施，为长三角一体化发展注入了新动力。

长三角地区是我国经济发展最活跃、开放程度最高、创新能力最强的区域之一，在国家现代化建设大局和全方位开放格局中具有举足轻重的战略地位。推动长三角一体化发展，增强长三角地区创新能力和竞争能力，提高经济集聚度、区域连接性和政策协同效率，对引领全国高质量发展、建设现代化经济体系意义重大。

所以，作为指导长三角地区当前和今后一个时期一体化发展的纲领性文件，《规划纲要》从发展背景、总体要求、规划实施等十二个方面作出具体部署，是制定相关规划和政策的依据，为实施长三角一体化发展战略搭建起了“四梁八柱”。

2019下半年，我先后两次到上海调研，与长三角区域合作办负责人进行了座谈交流。上海市发改委主任、长三角区域合作办公室主任马春雷有一个形象比喻：

未来3至5年，长三角三省一市将实现规划一张图、交通一张网、环保一根线、市场一体化、治理一个章、民生一卡通、居民一家亲七个目标，并且形成强大合力，同时内部有分工、有特色、有差异。

这“七个一”非常正确，如今《规划纲要》也已交代得明明白白。马春雷主任唯独没有提及金融，这是一时疏忽，还是另有缘故?

我快言快语：是不是再加一个“一”，就是“金融一盘棋”!

为何这么说?

人们知道，时下长三角地区金融机构云集，金融市场体系完善，金融业的创新能力与对外开放程度处于国内领先地位，上海又在深入推进国际金融中心建设，这确立了金融先行在促进与助力长三角一体化发展中的重要性。

金融作为现代经济的核心，那一定是长三角一体化的核心。在这里，长三角金融一体化将使区域金融资源重新整合，进一步优化配置，从而促进区域内的产业升级及经济一体化发展。

习近平总书记在首届中国国际进口博览会开幕式上发表主旨演讲和考察上海时，明确宣布增设上海自贸试验区新片区、在上交所设立科创板并试点注册制、实施长三角一体化发展国家战略三项重大战略举措。

看看这三大任务，哪一条不凸显金融在上海发展中的重要地位？可见，金融是上海提升城市能级的关键，更是长三角的核心竞争力之一。

“青山隐隐水迢迢，秋尽江南草木凋。”问题是，目前长三角金融一体化水平严重滞后，制约着长三角经济一体化的健康发展。存在的主要问题是，区域内金融发展不均衡，行政力量分割使得中心城市金融业跨区服务阻碍甚多，地方分治的银行业管理模式严重抑制金融资本的快速流动，区域内“资产荒”与“资金荒”并存，区域内大部分地方证券化水平偏低，中小企业获得的金融支持水平远低于大企业，有些地方金融风险聚集。因此，迫切需要率先加快长三角金融一体化步伐，加快区域内的金融资源整合、优化金融资源配置。

说穿了，长三角一体化的短板就是金融一体化问题。说到这里，可能有人不以为然。因为金融中心一定是在一个有限区域内发展。

比如，拿香港来说，人们第一反应是，莫不是整个大过1100平方千米的土地上，都是金融中心？伦敦是老牌的金融中心，与金融中心有关的一切工作及活动都在以英格兰银行（英国的中央银行）为中心点，方圆4平方千米内。

金融中心以信息流和资金流为主，人流、物流、交通流为辅。这里的信息流与资金流必须高效，讲究快与准，能做到的基础建立在“诚信”二字上。需要有一套行之有效、大家认可的法制，还要有与金融中心相匹配的律师队伍、金融业务量大面广的会计审计。

随着金融科技的发展，理论上很多交易的业务不一定要在天价租金的金融中心内进行，但为了信息流，尤其是交易员、操盘手、分析员等，市场闭市后，都跑到附近的“信息交流中心”。像在香港金融中心的正中心中环一带，有几家高档的酒吧在下午四点过后，常常是门庭若市。同时，金融中心除了长驻的业务人员，也有不少访客，为了方便住宿，中心内也有旅店，不过肯定是五星级，甚至是超五星级，价格不菲。

有人提醒我说，民以食为天，在金融中心的“食”肯定也不便宜，但附近也有很多港式茶餐厅，丰俭由人。由于金融中心的地方不是很大，高楼大厦在填海的平地上拔地而起，为了方便“行”，大厦与大厦间都有天桥连接着，而且还有空调，加上去香港飞机场的快铁就在国际金融中心的地下层，任何金融业务访客，从机场坐快铁只要26分钟就能到金融中心，这就是高效！还有人问我，你猜香港的金融中心每个人走路，为什么都那么快？我笑哈哈地说，时间就是金钱嘛。“走得快，好世界”，这话人们体味可能会更深……

*“云雨已荒凉，江南春草长。”*2018年陆家嘴论坛上，中共中央政治局委员、上海市委书记李强指出，改革开放始终是上海国际金融中心建设的不竭动力。建设上海国际金融中心，是中央交给上海的光荣使命，是重要的国家战略，是改革开放的产物。

可以说，建设上海国际金融中心是一项重大的国家战略。经过多年的发展，上海国际金融中心建设在服务国家经济社会发展和金融改革开放过程中取得了重要进展。

*从框架体系看，国际金融中心的基本架构已经确立。*上海和纽约、伦敦一样具备了国际金融中心城市的所有主体要素，包括格局完整、品种多样、交易活跃的全国性要素市场，门类齐全、中外荟萃、总部汇集的金融机构体系，产品丰富、服务齐备、创新突出的金融业务体系，是我国金融产品和业务最为丰富、最为集中的城市。金融业已成为上海第一支柱产业。

*从内涵功能看，国际金融中心应当具备的基本功能已经完善。*上海在集聚了所有主体要素的基础上，国际金融中心的功能也在逐步完善。价格形成功能方面，人民币基准价格体系建设稳步推进。上海同业拆借利率（Shibor）、上海关键收益率（SKY）广泛作为市场定价基准。中国外汇

交易中心CFETS汇率指数已成为国内外市场观察人民币汇率的量化指标和基准价格。资产定价功能方面，一批以人民币计价的产品“上海价格”影响力凸显，在原油、黄金、螺纹钢等品种上，已成为全球的定价中心之一。支付清算功能方面，上海已经成为全球人民币支付清算的核心枢纽。人民币跨境支付系统（CIPS）二期全面投产，银联全球受理网络延伸到近170个国家和地区，为人民币国际化进程提供重要支撑。

*从发展环境看，国际金融中心环境生态持续优化，获得广泛认可。*在全国率先设立金融法院，颁布实施《上海市推进国际金融中心建设条例》，出台全国首部综合性地方信用条例。金融专业服务机构体系不断健全，陆家嘴金融城、沿黄浦江金融集聚带建设成效明显。在英国智库Z/Yen集团最新发布的全球金融中心指数（GFCI）排名中，上海已连续三期保持全球第五名。

尽管取得显著成绩，现在的问题是，如何推进新时代上海国际金融中心建设？这里，李强提出了四点要求：

*一是着力打造扩大金融开放的新高地。*主动承接、加快推进国家金融服务业开放重大举措落地，加强上海国际金融中心与自贸试验区建设联动。集聚更多国际金融高端资源要素，构建面向国际的金融市场体系。加快建设推动人民币国际化的全球服务体系，形成更多具有国际影响力的“上海价格”，持续提升配置全球金融资源的能力。

*二是着力构筑金融改革创新的新平台。*积极争取国家把重要金融改革创新举措放在上海先行先试。充分利用好自贸区平台，让中外资金融机构共同参与到“一带一路”金融服务中来，为国家资本项目可兑换等金融改革探路。鼓励支持各类金融机构和市场开展技术创新、产品创新、管理创新，最大程度拓展市场的广度和深度。

*三是着力形成金融服务实体经济的新能级。*推动金融回归本源，既把

服务实体经济作为金融的本分，更作为金融发展的深厚土壤，面向长三角、面向全国，拓展金融服务实体经济的空间。加强对国家重大发展战略、重大改革举措、重大工程建设的金融支持。强化对中小微企业的金融服务，为切实解决融资难、融资贵提供更多创新手段。积极开展绿色金融、普惠金融服务，大力发展科技金融，让科技创新之火更旺、实体经济“血脉”更畅。

*四是着力构建金融良性发展的新生态。*营造崇尚法治的市场环境，特别是要以上海金融法院设立为契机，在金融法治建设上持续用力，给各类市场主体以更稳定的预期，更好地保护投资者的合法权益。切实回应解决好海内外金融人才在上海落户、子女就学、医疗等方面的需求，让优秀人才在上海国际金融中心建设的大舞台上更好地发挥作用。坚定不移地维护金融市场健康稳定发展，切实完善风险防范机制，提升金融监管能力，牢牢守住不发生系统性、区域性风险的底线。

*“自从雪里唱新曲，直到三春花尽时。”*按照这一思路，我们就得在长三角地区深化金融合作，推动区域金融改革创新。在深化长三角地区金融合作方面，我们必须实实在在做好几件事：

如，推动上海期货交易所与浙江自贸试验区合作建设油品交割基地，加强期现对接，共同建设多层次油品交易市场；推动上海证券交易所服务基地建设，搭建企业上市服务咨询平台，支持优质创新型企业在沪上市；又如，支持长三角地区发债主体来上海发行债券，支持设立各类产业投资基金、股权投资基金；围绕全国首个信用建设区域合作示范区的目标，长三角作为国家确定的信用合作示范区，将推进信用信息交换共享和开发利用，建立重点领域跨区域联合奖惩机制，加快建设“信用长三角”。

一句话，就是要通过三省一市的共同努力，打造功能互补、优势叠加、特色鲜明的长三角金融集聚生态圈，以此助推上海国际金融中心建设。

善弈者谋势，善谋者致远。长三角一体化是发展大潮奔腾不息的先锋，也是区域发展协同并进的缩影。以《规划纲要》为契机，着眼全国一盘棋，抓住重点和关键，我们就能把长三角一体化的国家战略、制度优势，转化为发展的动能、前进的动力。欣慰的是，这次《规划纲要》对金融中心建设又进一步提出了具体内容和要求——

要不断提升上海金融服务功能。围绕国际经济、金融、贸易、航运和科技创新“五个中心”建设，着力提升上海大都市综合经济实力、金融资源配置功能、贸易枢纽功能、航运高端服务功能和科技创新策源能力，有序疏解一般制造等非大都市核心功能。

进一步强化协同创新政策支撑。支持地方探索建立区域创新收益共享机制，鼓励设立产业投资、创业投资、股权投资、科技创新、科技成果转化引导基金。在上海证券交易所设立科创板并试点注册制，鼓励长三角地区高成长创新企业到科创板上市融资。

要打造更高水平自由贸易试验区。重点发展跨国公司地区运营管理、订单中心、结算中心等总部经济，大力发展大宗商品、金融服务等新型国际贸易，推动统筹国际业务、跨境金融服务等功能集聚。

推进投资贸易自由化、便利化。一是实行资金自由，在风险可控的前提下，按照法律法规规定，借鉴国际通行的金融监管规则，进一步简化优质企业跨境人民币业务办理流程，推动跨境金融服务便利化；二是探索区内资本自由流入流出和自由兑换，支持区内企业参照国际通行规则依法合规开展跨境金融活动，在依法合规、风险可控、商业可持续的前提下支持金融机构为区内企业提供跨境金融服务。

要推动重点领域开放合作。加快金融市场对外开放，逐步放宽银行业外资市场准入。加大交易所债券市场对外开放，支持境外机构在交易所发行人民币债券，引入境外机构投资者直接投资交易所债券，研究推进基于沪港通的债券市场互联互通。

*要共同提升对外投资合作水平。*稳步扩大对外投资，共同推动对外投资可持续高质量发展；扩大金融服务、境外并购等对外投资；依托长三角一体化对外投资合作发展联盟，携手打造面向全球的综合服务平台；共同推进境外安全保障体系建设，增强风险防范能力。

*要加强各类资本市场分工协作。*加快金融领域协同改革和创新，促进资本跨区域有序自由流动。完善区域性股权市场。依法合规扩大发行企业债券、绿色债券、自贸区债券、创新创业债券。推动建立统一的抵押质押制度，推进区域异地存储、信用担保等业务同城化。联合共建金融风险监测防控体系，共同防范化解区域金融风险。鼓励地方政府联合设立长三角一体化发展投资专项资金，主要用于重大基础设施建设、生态经济发展、盘活存量低效用地等投入。支持符合监管政策的地方法人银行在上海设立营运中心。支持上交所在长三角设立服务基地，搭建企业上市服务平台。

*要共同打造国际一流市场环境。*提升外商投资管理和服务水平，全面实施外商投资准入前国民待遇加负面清单管理制度，放宽外资准入限制，健全事中事后监管体系。建立健全外商投资企业投诉工作机制，保障外国投资者和外商投资企业合法权益。

*“色同心复同，藕异心无异。”*这就是说，“联动、共生、集成”是上海金融中心的时代特色，上海承担的国家战略，协同出彩，每一项国家战略当中都有金融元素作为重心或者支撑。上海必须牢牢立足国际金融中心建设的“高原”，高标准起步，阶段式推进，宽口径跨越，双高型发展，攀登金融中心国际第一方阵的高峰。上海始终把国家战略作为自己的使命，并以“排头兵、先行者”的姿态优化建设导向。

*“正是江南好风景，落花时节又逢君。”*综观《规划纲要》全文，“一

体化”是理解长三角一体化发展的关键词。落实长三角一体化发展的战略部署，必须树立“一体化”意识和“一盘棋”思想，加强各地各领域互动合作，同“一带一路”建设、京津冀协同发展、长江经济带发展、粤港澳大湾区建设相互配合，在统筹兼顾中纲举目张，在总揽全局中齐头并进，完善中国改革开放空间布局，从而汇聚成推动中国发展的综合优势。

“高质量”是《规划纲要》要求的另一个关键词。一方面，这体现在把长三角打造成全国发展强劲活跃增长极、全国高质量发展样板区、率先基本实现现代化引领区、区域一体化发展示范区、新时代改革开放新高地的战略定位；另一方面，也体现为城乡区域协调发展格局基本形成、科创产业融合发展体系基本建立、基础设施互联互通基本实现、生态环境共保联治能力显著提升、公共服务便利共享水平明显提高、一体化体制机制更加有效的发展目标。只有牢牢抓住“高质量”这个关键，才能带动整个长江经济带和华东地区发展，形成高质量发展的区域集群。

*“笑傲东方纵笔书，煌煌照海耀明珠。”*展望明天，长三角各项重要目标实现离不开金融的参与，长三角一体化的发展“有金必成”。看来，实现长三角一体化，未来几年最为关键。

019　科创向善：平台和资本才有最好的模样

有些巨头企业，一边倚仗资本手段，使其投资市场集中度越来越高；一边通过科技创新，树起超高的竞争壁垒。现在我们的一些平台经济和资本，是不是吃相太难看？在这个问题上，不能让平台经济和资本野蛮生长！我们多么渴望平台经济和资本向善，引领科技创新反哺实体经济，构筑起中国在制造业领域新的竞争优势，实现更高的效率、更低的成本、更快的响应。

站在“两个一百年”历史交汇点，中国已经成为全球最大的消费互联网大国、最大的制造业大国，此时我们多么渴望平台经济和资本向善，引领科技创新反哺实体经济，构筑起中国在制造业领域新的竞争优势，实现更高的效率、更低的成本、更快的响应。

就在数字经济面临产业突围升级的重要关口，中共中央政治局在2020年12月11日召开会议，在分析研判当前形势的基础上，为2021年经济工作定下基调、划出重点。其中，首提强化反垄断和防止资本无序扩张，可谓为中国资本行稳致远的一次把舵定向。

在这个问题上，中国必须遵循市场经济秩序和规则，不能让平台经济和资本野蛮生长!

对中央此时首提反垄断和防止资本无序扩张，笔者的理解是，在培育强大国内市场时，需要建立高标准的市场体系，在强化各种存量风险化解的同时，防止资本无序扩张形成泡沫，以便提高对资本的约束力，服务于高质量发展的要求。

不妨回头看一下：这之前，2020年11月30日下午，中共中央政治局就加强我国知识产权保护工作举行了第二十五次集体学习，“做好知识产权保护”“反垄断”“公平竞争审查”等工作一一提了出来。

11月10日，国家市场监督管理总局《关于平台经济领域的反垄断指南（征求意见稿）》发布，对外公开征集意见，“二选一”“大数据杀熟”

等问题面临严监管。其中要求预防和制止排除、限制竞争的垄断行为，维护平台经济领域公平竞争，将大型互联网企业涉足金融行业纳入宏观审慎监管，并引导和激励平台经营者将更多资源用于技术革新、质量改进、服务提升和模式创新。

10月31日，国务院金融稳定发展委员会专题会议提出，金融科技与金融创新快速发展，既要鼓励创新，弘扬企业家精神，也要加强监管，依法将金融活动全面纳入监管，有效防范风险。

10月29日，党的十九届五中全会审议通过的“十四五”规划《建议》中明确要求“打破行业垄断和地方保护”，“推进能源、铁路、电信、公用事业等行业竞争性环节市场化改革”以及“健全公平竞争审查机制”。

你看看，短短个把月时间内，反垄断和防止资本无序扩张的相关政策，就已经紧锣密鼓地相继推出。这充分表明中央对当前数字经济领域，尤其是平台经济中出现的垄断和资本无序扩张发出了治理信号，让人们更加意识到中国互联网反垄断强监管时代已经到来。

大家知道，《中华人民共和国反垄断法》早在2007年8月30日的十届全国人大常委会第二十九次会议上就已正式立法，从而为这部自1994年就列入全国人大立法计划、酝酿13年之久的法律出台，画上了圆满的句号。正因为反垄断法是中国维护市场竞争秩序的最为重要的一部法律，它的出台，对国家，特别是对一些自然垄断行业竞争意识的提高产生非常深远的影响。

说到这里，人们不免要问：此刻反垄断剑指什么？

从理论上说，就是禁止垄断和贸易限制的行为。通常是当一个公司的营销呈现垄断或有垄断趋势的时候，国家政府或国际组织所采取的一种干预手段。

早在19世纪末期，世界经济发展进入垄断资本主义时期，垄断就成为各国规制的对象，各国均采取严厉的立法来进行规制。中国自加入WTO以后也积极担负反垄断的责任。2011年11月，国家发改委就宽带接入问题，曾对中国电信和中国联通展开过中华人民共和国成立以来首例反垄断调查。

这里必须申明的是，当下我们反垄断，并不是反对平台经济发展，更不是反对互联网创新。我国在互联网领域加强反垄断监管，有利于规范行业行为、促进平台经济长远健康发展。反垄断、反不正当竞争，是完善社会主义市场经济体制、推动我国经济高质量发展的根本要求。

那么，防止资本无序扩张又是剑指何处呢？

众所周知，资本是用于投资得到利润的本金或财产，是人类创造物质和精神财富的各种社会经济资源的总称。按照资本的不同部分在剩余价值生产过程中所起的作用不同，资本可分为不变资本（以生产资料形式存在）和可变资本（以劳动力的形式存在）。

资本的特点是什么？

如果没有正确的引导和规范，在逐利和社会效益相冲突的时候，资本一定是把逐利放在第一位的，其结果将是资本的无序扩张。就像时下一些平台经济，不按国家引导和提倡的方向去投资创业，反而到处跑马圈地，甚至连社区“最后一公里”都不放过，你说资本如此野蛮生长，对经济对社会有什么好处呢？

说得明了点，其实，从互联网到实体经济的路非常近。一方面，互联网企业应充分发挥数字化优势，拉动更多传统企业数字化转型升级，提高竞争力；另一方面，互联网经济属于信息科技产业，与5G通信、人工智能、云计算等新兴产业息息相关，场景创新的发展应该直接拉动新技术的发展，互联网企业应加大对新兴技术的投入。这时，我们多么希望大企业能更多肩负产业领军、创新引领的责任，这同样是企业自身可持续发展所需。

归根结底，反垄断和防止资本无序扩张是事关企业初心的灵魂拷问：企业从哪里来，现在在哪里，将到哪里去？企业的初心不能丢掉。

记得2020年11月的一天，正在江苏考察调研的习近平总书记来到南通博物苑，参观张謇生平展陈，了解张謇兴办实业救国、发展教育、从事社会公益事业情况。而此前3个月，习近平总书记就曾在企业家座谈会上谈起过张謇，称他为爱国企业家的典范。

总书记对先贤张謇如此关注、看重，是因为张謇在实业救国的同时，还积极兴办教育和社会公益事业，促进文化建设，造福乡梓，帮助群众，影响深远，是中国民营企业家的先贤和楷模。

试问，张謇何许人也？

我的祖籍是南通，算起来张謇还是我家的亲戚，用苏北话喊，我应叫他一声“爹爹”才对。对张謇，自然我比旁人更知晓——

张謇生于清末，江苏通州人氏，光绪二十年（1894年）考中状元。甲午战败，晚清衰落到无法挽救的地步，仕途无路可走的情形下，张謇独辟蹊径，选择下海经商，走上实业救国之路。

在经济上，他大力倡导并践行“棉铁主义”，依靠南通手工棉纺织业较为发达的基础，创造性地使用股份制方法筹募社会资本发展棉花生产，躬身践行，兴办大生纱厂，保护民生，抵抗外来经济侵略。后期，张謇以大生纱厂为核心，还创办了油厂、面粉公司、肥皂厂、纸厂、电话公司等20多家企业，形成一个轻重工业并举、工农业兼顾、功能互补的地方工业体系，一度成为全国最大的民族企业集团。

在教育事业上，张謇一生为南通教育总计投资257万两白银，独自创办或参与创办师范、纺织、医学、农业等高等学校和职业、专科学校近400所，形成了较为完整的近代教育体系。他把发展教育和发展实业相结合，进行了不懈的实践，教育事业的成功依赖于实业，同时教育培养了大量专业技术和专业管理人才，进一步推进实业的发展。

张謇还是社会公益事业的先驱人物。1905年，张謇在南通建造南通博物苑，《中国大百科全书》《中国博物馆志》都确认南通博物苑为中国第一个博物馆。1913年，张謇用他六十岁寿辰时所得亲友贺礼及馈赠，建造了南通第一所养老院，收容无依无靠的孤寡老人。1922年，用其七十寿辰所得贺礼，再建一所养老院。他建医院，对赤贫者免收药金；开办贫民工厂，教授贫民子弟自谋生活；设立残废院，收留肢体残缺的乞丐；创办盲哑学校，并担任第一任校长……面对“三千年未有之大变局”，张謇将一生所获财富，皆为社会服务。

改革开放以来，中国的体制机制创新，以及科技创新都在一定程度上打破了原有的桎梏。比如对民营企业登记、民间资本投资等实行“非禁即入”的政策，使得民营企业得以进入石油、电力、军工等原为国企“垄断”的行业。

正因为改革开放的进一步深入，以及科技进步和商业模式的创新，以BAT为代表的互联网企业成为了跨界发展的“颠覆者”，这才有了顺丰、圆通等快递企业与邮政的竞争与合作，才有了微信之于移动、联通的“搅动”。

互联网经济下的不少新模式、新业态，为社会发展注入了新动能。尤其是2020年新冠肺炎疫情暴发以来，平台经济更是催生了巨大的经济动能。对此，国家是认可并支持的。也正是由于国家的支持，平台经济产业才获得了蓬勃的发展，各地政府纷纷提出打造数字经济，作为地方经济高质量发展的引擎，并积极扶持平台企业做大做强。

万事皆有两面，在互联网平台经济领域，因突破经营地域限制、时间限制、消费环境限制，很容易产生垄断的冲动，孕育“一家独大，赢者通吃”的商业模式，比如常见的“二选一”“大数据杀熟”等问题。而当互联网巨头滥用垄断地位，势必会扼杀小公司的创新，危及整体的公平竞争环境，最终损害整个行业，也会损害消费者利益。事实上，在移动互联网技术和资本加速器的推动下，互联网经济形成垄断的速度会越来越快，出现“大树底下无小草”的现象，小企业的生存空间日益变窄。

尤其，在“众星拱月”之下，一些巨头企业的边界越来越模糊。一边是倚仗资本手段，使其投资所覆盖的版图越来越大，市场集中度越来越高；另一边常常会利用科技创新的成果，比如云平台、大数据等，为自己树起超高的竞争壁垒。

这里必须说清楚的是，通过科技创新树起竞争壁垒是值得鼓励的；利用技术优势破坏创新和竞争，甚至规避监管、损害消费者权益，则是犯了大忌。而对比张謇这个有良心的企业家，现在我们的一些平台经济和资本，是不是吃相太难看?

没有规矩不成方圆。时下，反垄断并不只在中国市场监管中出现，在全球许多国家和主要经济体，反垄断执法机构早已有强硬监管要求和长牙齿的制约措施，说明加强反垄断和防止资本无序扩张是大势所趋。

就说眼前吧，在我国“反垄断指南”公布的同一天，印度反垄断监管机构宣布已对谷歌展开反垄断调查，理由是谷歌涉嫌滥用其Play Store的主导地位在全球最大的互联网市场推广其支付服务。

欧美国家针对互联网企业的反垄断也从未停止过。2020年12月15日，欧盟公布《数字服务法》《数字市场法》草案，对一些互联网巨头在欧盟开展业务制定更加严格的规则。欧盟委员会主管反垄断事务的委员韦斯塔格称：“我们希望确保用户能够在网上获得广泛的安全产品和服务选择，确保企业公平、自由地竞争。”

12月10日，法国对国际互联网科技巨头谷歌和亚马逊分别开出1亿欧元、3500万欧元的罚单。法国《回声报》称，“这些科技巨头如今已经变得太大、太强、太唯利是图了”。

12月9日，美国联邦贸易委员会在经过一年半的反垄断调查之后，对脸书提出反垄断诉讼，指控其行为阻碍了市场竞争。

12月17日，谷歌时隔一个多月再遭反垄断诉讼，美国监管机构指控其操纵数字广告市场的行为违反了反垄断法规。

从某种意义上来说，正是因为欧美国家通过反垄断限制了微软、IBM等科技巨头，才促使谷歌、苹果、脸书、亚马逊等互联网新锐诞生和成长。如今美国IBM、AT&T被一拆再拆，欧美国家对脸书、谷歌等开展反垄断调查也是出于促进市场公平竞争的目的。

监管部门对大型科技公司采取行动已在全球形成一种趋势，核心目的在于运用法治工具，维护公平竞争市场秩序。

说了这么多，就想告诉人们，无论是从我国平台经济发展和监管现状看，还是从全球范围监管环境看，加强平台经济领域的反垄断监管，都已是人心所向，大势所趋。

为什么这么说？2020年12月10日，我们通过部分省份举行的反垄断工作座谈会得知，我国2020年1月至11月办结反垄断案件93件、罚没金额3.72亿元，经营者集中案件立案429件、审结426件，有力促进形成高效规范、公平竞争的国内统一市场。

12月26日，人民银行、银保监会、证监会、外汇局等金融管理部门，联合约谈了蚂蚁集团，约谈内容指出了蚂蚁集团目前存在的几大问题：公司治理机制不健全；法律意识淡薄，藐视监管合规要求，存在违规监管套利行为；利用市场优势地位排斥同业经营者；损害消费者合法权益，引发消费者投诉；等等。

“十四五”是我国在全面建成小康社会基础上，开启全面建设社会主义现代化国家新征程的第一个五年，我们要以新发展格局为立足点，以新发展理念为引领，以推动高质量发展为主题，奋力开创反垄断工作新局面。

到底如何开展反垄断和防止资本无序扩张的工作？

*——要扛起责任主动作为，倒逼平台和资本向善。*从可操作角度看，反垄断并不缺法律，缺的是执行力。现实中，有人举报反垄断案件，监管部门却不予立案的情况时有发生，背后的原因是巨头公司往往都是当地纳税大户，属地监管也向其倾斜。

所以，务必高度关注平台经济和金融领域出现的新情况、新问题，不断提升对平台经济和金融的监管能力，着力树立公平竞争的导向，大力营造公平竞争的环境，有效激发全社会创新创造活力，厚植平台企业不断涌现、蓬勃生长的良好土壤，为经济社会发展增创新优势、提供新动能。对其他领域存在的垄断和资本无序扩张问题也要加强监管，保障其健康发展。在具体工作中，监管流程要全过程、一体化，监管体系要迈向整体、智治、高效协同，风险防范要实现源头管控、预防在先，教育引导要做扎实、做到心里去，同时服务要更到位、更精准。

*——要在法治建设上下功夫，促进平台和资本向善。*反垄断一直是市场经济国家经济立法的核心，更是保证公平竞争、推动技术进步与创新的必要前提。《中华人民共和国反垄断法》自2008年8月1日起施行以来，中国的社会经济发生了翻天覆地的变化，这段时间也正是中国互联网经济和平台经济蓬勃发展的时间。鉴于中国互联网经济和平台经济迅猛的发展速度，相关立法不得不加快自己的脚步，适时修改反垄断法，以应对新经济中出现的新情况，这是立法机构维护公共利益的职能所在。

除了《中华人民共和国反垄断法》外，2017年《中华人民共和国反不正当竞争法》修订时，增加了互联网不正当竞争条款。2019年8月，

《关于促进平台经济规范健康发展的指导意见》印发，提出了加大政策引导、支持和保障力度等措施。2020年11月10日，国家市场监管总局发布《关于平台经济领域的反垄断指南（征求意见稿）》，又直指平台经济运行中的不规范行为。地方立法工作也是快马加鞭，2020年12月24日，浙江通过了《浙江省数字经济促进条例》，这是全国第一部以促进数字经济发展为主题的地方性法规。《浙江省国家数字经济创新发展试验区建设工作方案》也开始实施。可见，反垄断的根本目的是为了促进市场公平竞争，这对于激发创新、保护创新都具有积极影响。加大反垄断执法力度，有利于保护中小企业的创新，有助于进一步激发市场活力。

*——要在改革创新上见分晓，激发平台和资本向善。*那么哪些行业垄断需要打破呢？“十四五”规划《建议》中提到，“为了激发各类市场主体活力，要推进能源、铁路、电信、公用事业等行业竞争性环节市场化改革”。这些需要打破垄断的行业通常是关乎民生的自然垄断行业。在过去，这些行业通常只能由国企经营，而此次从中央层面宣布改革，则释放出了国家鼓励能源、铁路等行业市场主体多元化和适度竞争的信号，目的便在于提高资源的利用效率和供给侧的服务质量。

同时，一方面要发挥企业在科技创新中的主体作用，支持领军企业组建创新联合体，带动中小企业创新活动。充分鼓励平台企业联合创新，鼓励中小企业勇于创新，只要合法合规，国家就大力支持，并提供日照充足的肥沃土壤。另一方面，科技金融必须在审慎监管的前提下进行，不是金融前面加个互联网就是金融创新了，也不是披上“云”的外衣，整点新名词，弄个算法，就恃才傲物了，更不能通过疯狂烧钱，大数据杀熟，ABS加杠杆放贷，甚至空手套白狼。而是希望互联网企业大佬能有大担当、大作为，不要仅仅把眼光盯在老百姓那几斤白菜、几斤水果的流量上。更不要把先进的算法、领先的数据用到诱导消费和AI“杀熟”上。企业务必放大格局，联合创新，开展“卡脖子”技术攻关，真正成为国家战略科技的有生力量。

正如爱因斯坦所说，“我每天上百次地提醒自己：我的精神生活和物质生活都依靠别人（包括活着的人和死去的人）的劳动，我必须尽力以同样的分量来报偿我所领受了的和至今还在领受的东西”。这应该就是张謇的家国情怀，也应了他做企业的那句座右铭：“一个人办一县事，要有一省的眼光；办一省事，要有一国之眼光；办一国事，要有世界的眼光。”

科技创新本无止境，平台企业唯有加强自我监管，警惕资本扩大后的惰性，才能回归科技创新的初心。这也就是我们常说的，知识就是力量，责任追随知识。当下我们高举反垄断大旗，就是要建立一个更加规范、透明、开放、有活力和有韧性的资本市场，这也是为防犯危机作出的一次纠错。

或许，眼里有光，心中才有爱。亦如新冠肺炎疫情再一次警示我们，人类所有的非凡进步，并非来自竞争，而是出自合作。所以，唯有科技创新向善，平台经济和资本才会焕发出真正的价值！反之亦然，一个平台经济和资本再强大，也强大不过科技创新的善良。不是吗?

一句话：让我们的经济和社会看得见美好，在脚下，在眼前，不断成长，不断盛开，这一定是最好的中国模样。

后　记

人生如歌，金融未央

“十四五”开局之年，中国作为全球唯一实现经济正增长的主要经济体，金融政策的一举一动备受关注。

2020年出乎所有人的意料，也注定因其特殊性而被载入人类的非比寻常的历史。随着2018年下半年以来中美贸易摩擦加剧，2020年全球疫情持续蔓延，造成全球石油价格闪崩，美国股市两周内4次熔断，美国和欧洲股票市场受到重创。

人们不得不对金融的本质产生质疑。

这时，我的一位美国经济学家朋友，给我发来一个帖子，把金融的本质概括得相当精辟——

说的是在国外一个小镇上。这天太阳高悬，街道无人，每个人都债台高筑，靠信用度日。

这时，从中国来了一位旅客，他进了一家旅馆，拿出1000美元钞票放在柜台，说想先看看房间，挑一间合适的过夜。

就在此人上楼的时候，店主抓了这1000美元钞票，跑到隔壁屠户那里支付了他欠的肉钱。

屠夫有了1000美元，穿过马路付清了农场猪农的本金。

猪农拿了1000美元，出去付了他欠的饲料款。

那个卖饲料的老兄，又赶忙拿着1000美元去付清他召妓的钱（经济不景气，当地的服务业也不得不提供信用服务）。

有了1000美元，这名妓女冲到旅馆付了她所欠的房租。

旅馆店主忙把这1000美元放到柜台上，以免刚才看房的中国旅客下楼时起疑。

此时，那位旅客正下楼来，拿起1000美元，声称没一间满意的，他把钱收进口袋，走人了……

注意，这一天，没有人生产了什么东西，也没有人得到什么东西，可全镇的债务都清零了，大家都很开心。

这个故事告诉我们一个什么道理呢?

答案，这就是金融。资金只有流通才能产生价值，而经济数据不过是一个游戏而已!

朋友这个帖子，也许仅是一个幽默，但不排斥有人会这么玩。所以，国际货币基金组织（IMF）慌了，赶紧作出预测，2020年全球经济增长率会到－3%。

这不得了呵，这是真正的经济危机，发达经济体以及新兴市场和发展中经济体同时处于衰退之中，这种情况是自“大萧条”以来第一次出现，比2008年国际金融危机时的情况还要糟糕。

金融是经济的血脉，在这个节骨眼上，我们中国到底该如何总揽金融前行的时与势，在大局上谋划，从关键处落子，提出新的思路、新的战略、新的举措，以一系列金融的大手笔、大方略，精心布局一盘我国金融行稳致远的大棋局。

为了讲好中国金融这个故事，笔者在国务院研究中心主管的《中国发展观察》杂志上，开办了一个专栏，这里将文章汇编成书，在上一本《金融的十九张面孔》的基础上，取名为《金融的十九个棋局》。

毕竟，中国是金融大国，但不是金融强国，金融体系总体上仍是大而不强。不知大家有否注意，近年来中央为各省、区、市专门配备了金融副省长。当务之急，中国金融何去何从？在这样的大背景下，我的金融三部曲，立马登上了“好书榜”。

这书为什么受欢迎？想必在于能紧扣中国金融实际，站在全球金融角度回答问题：

坚持金融问题导向。通过剖析19个有中国特色的金融故事，直面矛盾问题，找到具有代表性、普遍性、全局性的新问题，找到映照社会现实、关乎民心民意的真问题，靶向解答、用心回应群众的疑问和困惑。

坚守金融内容为王。古今中外，因金融脱离实体经济带来危机的实证有许多，从我国元代“楮币之患”、民国“金圆券”风潮、2008年全球金融危机等都是经验教训。恩格斯说，“货币贸易同商品贸易一分离，它就有了……它自己的发展”。习近平总书记更是高瞻远瞩地说道：“金融活，经济活；金融稳，经济稳。”后来，他又进一步指出：“经济兴，金融兴；经济强，金融强。”

努力创新金融表达。金融知识要做到常讲常新、推陈出新，为此须远离纯理论，尽可能用群众语言来表达，真正使枯燥金融鲜活地进入大众视野，像小说讲故事那样吸引读者。

说到这里，人们不免要问，这书到底有什么看点？

可否从3个视点来把握：

作为金融文章，得以理服人。鉴于金融本身就是一种深奥理论，理论要真正做到彻底，就得抽丝剥茧、条分缕析、层层深入，不搞抽象说教，对时代问题做出有说服力的回答，彰显思想的力量，这样才能解开问题的扣子。

作为金融随笔，得以文化人。金融更多是抽象枯燥的理论，这时通过文学语言润色或改良，努力引经据典、旁征博引，善用文学语言，让读者在体悟语言美感中，思想得到启发与升华。

作为金融读物，得以书育人。因为一本好书的元素很多，至少要学会用历史叙述唤起读者的记忆，同时，倒逼自己，努力带着感情、带着温度，就像与作品谈恋爱，进而拉近金融与读者间的距离。

记得有位作家说得好，这个世界，看似周遭复杂，各色人等，泥沙俱下，本质上，还是你一个人的世界。你若澄澈，世界就干净。你若简单，世界就难以复杂。

当下中国的发展已经离不开世界，世界的繁荣也需要中国，人们渴望撑起一面可以乘风破浪的云帆。这就是说，世界经济真正的问题不是疫情，而是经济本身。2008年以来的世界经济增长，大体上都是通过货币政策放水“救市”的办法实现的，而疫情成为压倒已经脆弱不堪的全球产业链分工的那根“稻草”，这也就是为什么疫情会重创世界经济的原因。

这里我有一个基本判断，作为金融强国的美国，真正的问题不是中国，而是它自己，如何解决民粹主义、过度消费模式、贫富差距太大、美元特里芬难题等。作为金融大国的中国，真正的问题也不是美国，而是我们自己，如何做好改革开放，勤修内政，大幅放活服务业，大规模减税降费，推动金融供给侧结构性改革，营造国企、民企、外企公平竞争的环境，用金融助推中国“六稳”“六保”。

归根结蒂，面对百年未有之大变局，站在“两个一百年”历史交汇点，我们务必把握好货币政策走向，不断激发市场主体活力，努力编织一个中国金融的安全网。

相信人生如歌，金融未央。

张国云

2021年5月

红旗出版社
HONGQI PRESS
推动进步的力量

图书在版编目(CIP)数据

金融的十九个棋局 / 张国云著. —北京：红旗出版社，2021.7
ISBN 978-7-5051-4947-2

Ⅰ. ①金… Ⅱ. ①张… Ⅲ. ①金融－研究－中国
Ⅳ. ①F832

中国版本图书馆CIP数据核字(2021)第086081号

书　　名　金融的十九个棋局
著　　者　张国云

责任编辑　丁　鋆　　责任检校　沈云才
文字编辑　汪佳梅　　装帧设计　戴　影　高　明
责任印务　金　硕
出版发行　红旗出版社
地　　址　北京市沙滩北街2号　　邮政编码　100727
　　　　　杭州市体育场路178号　　邮政编码　310039
编 辑 部　0571-85310806　　发 行 部　0571-85311330
E－mail　rucdj@163.com
图文排版　杭州兴邦电子印务有限公司
印　　刷　杭州广育多莉印刷有限公司
开　　本　710毫米×1000毫米　1/16
字　　数　187千字　　印　　张　14
版　　次　2021年7月第1版　　印　　次　2021年7月第1次印刷
ISBN 978-7-5051-4947-2　　定　　价　55.00元

欢迎品牌畅销图书项目合作　　联系电话：0571-85311806